巻頭言

本田　秀夫（信州大学医学部子どものこころの発達医学教室）

　2020年は、新型コロナウィルス感染症（COVID-19）に世界中が翻弄された年として、歴史に残るでしょう。わが国でも、これまで当たり前すぎて意識すらしてこなかった日常生活の多くが根底から覆されました。自閉スペクトラム症に関連することとしては、全国的な学校の一斉休校、大学等のオンライン授業導入、医療機関や福祉施設の一部におけるクラスター発生による影響、そして経済の悪化による今後の福祉政策への影響の懸念などが挙げられます。

　本学会も、8月に予定されていた第19回研究大会が中止となった他、各地で予定されていた資格認定講座も中止となりました。今年度の学会活動の、いわば「最後の砦」となっているのが、学会誌です。幸いなことに、このような困難な状況にもかかわらず、多くの論文投稿が寄せられました。査読を経て、本号では全部で9編の論文が掲載されております。うち6編が、1事例に対する支援の実践の報告でした。日頃、現場で自閉スペクトラムの当事者に対して試行錯誤しながら取り組んでいることをまとめて報告することは、きわめて意義のあることです。自分たちのやってきたことを振り返り、到達点と課題について整理するとともに、先行論文にあたって比較することによって、新たな展望が開ける可能性があります。

　今回掲載された論文の多くは、一再ならず査読者との間でやりとりを経ています。本学会誌は、わが国における自閉スペクトラム症の支援の水準の向上を目ざして、なるべく現場からの実践報告を掲載する方針をとっております。とはいえ、なんでもよいわけではありません。投稿された論文が、学術面および倫理面において論文として少しでも良質なものとなるよう、査読者は妥協せず真摯なコメントを返しています。それに著者がきちんと対応することによって、論文としての質が格段に向上したとき、最終的に受理を提案する査読者のコメントにもある種の達成感を感じることがしばしばあります。学会報告と論文発表との最も大きな違いであり醍醐味と言えるのは、この査読者によるブラッシュアップにあるのではないでしょうか。

　これまで学会発表はしたことがあっても論文執筆は敷居が高いと感じていた会員もおられることと思います。今回のコロナ禍を機に、新たな発表の場として本学会誌への投稿をぜひ検討していただければと思います。産みの苦しみは学会発表より大きいかもしれませんが、査読者とのやりとりを経て最終的に自分の書いたものが掲載された誌面を見たときの達成感は、自信と次のステップへの強いモチベーションとなると思います。

Contents |目次|

◉【巻頭言】
本田秀夫 1

◉石坂　務・井上雅彦
感覚過敏性と家庭内暴力を呈した自閉症スペクトラム児に対する登校支援 5

◉井上雅彦・奥田泰代
ペアレント・メンターにおける自己体験の語りの意味 15

◉山内星子・佐藤剛介
自閉症スペクトラム困り感尺度の信頼性・妥当性── 一般就労者を対象とした検討── 21

◉伊藤久志
自閉症児の散髪に対する高確率・指示順序手続きの試み 31

◉柴田祐樹・山田浩史・小黒康廣・梅永雄二
生活介護事業所に通所している重度知的障害を伴うASD者の就労支援
──TTAPを用いて── 37

The Japanese Journal of Autistic Spectrum

自閉症スペクトラム研究

第18巻　第1号
September　2020

◉伊藤久志
自閉症児のトイレットトレーニング
——排尿行動における刺激性制御の転移を標的とした保護者支援の事例—— ·················· 45

◉小川真穂・朝岡寛史・馬場千歳・澤田竜馬・野呂文行
自閉スペクトラム症児の集団遊びにおける適切行動の増加が感情の自己制御に及ぼす効果の検討 ·················· 51

◉佐々木敏幸・小野島昂洋・縄岡好晴
知的障害を伴う自閉スペクトラム症の高等部生徒における職業行動の向上
——TTAPアセスメントに基づいた作業学習における構造化の指導—— ·················· 61

◉松山郁夫
自閉症支援施設の入所者に対する生活支援員の配慮 ·················· 67

◉事務局報告 ·················· 74

◉編集規定および投稿規定、投稿票、投稿承諾書、作成の手引き、原稿作成にあたって ·················· 75

◉編集後記 ·················· 81

The Japanese Journal of Autistic Spectrum 2020, Vol.18-1, 5-13

実践研究

感覚過敏性と家庭内暴力を呈した
自閉症スペクトラム児に対する登校支援

Support for attending school provided for an ASD child with hyper-sensibility and experiencing domestic violence

石坂　務（横浜市立本郷特別支援学校）

Tsutomu Ishizaka（*Hongo Special Needs Education School*）

井上　雅彦（鳥取大学大学院臨床心理学講座）

Masahiko Inoue（*Tottori University Graduate School of Medical Science, Clinical Psychology*）

■要旨：本研究では、不登校状態にあった自閉症スペクトラム男児に対し、対象児が課題として有していた感覚過敏性とこだわり、暴力行為についての実態把握を行い、学校、教育委員会、警察、行政など、地域機関の支援体制を整えた。その上で、大学附属専門機関（以下、専門機関）が中心となり、行動論的アプローチを用いた登校支援を行いその効果を検討した。支援当初は男児の持つ過敏性の高さに対し、学校や家庭等周囲からの理解が得られにくく、男児は学校だけでなく外出自体に嫌悪的であった。そのため、当初の目標を学校への登校ではなく専門機関への来所行動に設定した。アプローチとして、過敏性に配慮し、調整した環境において対象児の好みに基づいてアニメやゲームの話をする等、本人の拒否が出にくい設定から来所課題を開始し、段階的に学校でも取り組める学習活動や運動を取り入れていった。また、並行して母親と面談を行い、家庭での環境調整を行うことで、暴言や暴力行為の低減をはかった。専門機関の来所行動を定着させたのち、学校と連携し登校支援を行った。連携に関しては、校内の支援チームと会議をもち、対象児の実態について引き継ぎを行い、かかわる教員、時間、学習活動を段階的に増やしていき、学校での個に応じた支援の引き継ぎと対象児の自発的な登校を定着させた。

■キーワード：自閉症スペクトラム、不登校、感覚過敏性、行動論的アプローチ

Ⅰ．はじめに

　文部科学省の「生徒指導提要」（2010）では、発達障害の一次的特性が、状況によっては、別の発達障害の行動特性として見られる場合があること、症状として不登校や引きこもりのように内在化した形で表出する場合や、暴力や家出、反社会的行動等外在化した形で表出する可能性を指摘している。

　Munkhaugen ら（2017）は、9歳から16歳までの知的障害のない自閉症スペクトラム（以下 ASD）の児童生徒の不登校の頻度、期間、および出現状況について、ASD 児童生徒と定型発達の児童生徒を含む216人を対象とした横断研究を行った。その結果、不登校の状況は、定型発達の児童生徒と比較して ASDの生徒で有意に高いことを指摘した。

　発達障害児者の不登校の要因として、発達障害に見られる認知・行動上の特性が障害として気づかれなかったり、認められなかったりすること（石井・上野，2008）が挙げられる。特に ASD では、対人関係の緊張、独特の思考、タイムスリップ現象（桐山，2006）、感覚の過敏性（平山，2005；井上，2007；桐山，2006）、新しい環境への適応困難（相澤，2004）などが指摘されている。これらは、いずれも症状として目立ちにくいため、気づきや理解・対応が遅れてしまうことが課題であり、特に感覚過敏については、学校という刺激に満ちた空間の中で、児童生徒を苦しめている可能性があり、まずは刺激を少なくするという環境調整を検討する必要がある。（桐山，2006）とされている。

　発達障害があり、不登校状態にある児童生徒の中には、専門機関への通所に対しても困難な場合がある。

井澤（2002）は、外出自体が困難であった学習障害が疑われる不登校生徒に対し、フリーオペラント技法、社会的技能訓練、シェイピング法等の行動論的支援を適用し、生徒に対する自発言語の増加をねらうことで隔週程度の来所から毎週の自発的な来所が確立されたことを報告している。

別室登校できない児童生徒への支援など、困難ケースに対する学校の支援の在り方として、外部専門機関との連携が選択肢として挙げられる。一方で、学校と専門機関との連携にもいくつかの課題がある。外部の専門家が学校に向けて行うアドバイスは、たとえそれが正しいアドバイスであっても、指導者の配置等の物理的条件や精神的ゆとりや指導技術等の人的条件、現場のニーズ等支援を実行する側の条件を考慮したものでなければアドバイスの実行可能性は低下し、プログラムが休止してしまうことも考えられる（井上, 2007）。加えて、家庭内での暴力や癇癪などの行動上の問題は、家族の精神状態を悪化させ、それが本人への対応に影響するという悪循環にいたってしまう危険性もある。

不登校へのアプローチとして、例えば奥田（2005）は、広汎性発達障害のある不登校児童の家庭に対して行動コンサルテーションを行い、対象児童や対象児童の母親、学校場面の生態学的アセスメントに基づく支援プログラムの作成と実施が重要であることを指摘した。また圓山・宇野（2013）は、発達障害児の「登校渋り」に対する包括的支援として、母子関係を中心とした特別支援学校への支援案を行い、登校渋りの抵抗の減少を図ることを示した。このように ASD のある児の不登校支援に関する実践的な研究は散見されるが、家庭内で暴力があり、外出を拒む事例における段階的かつ包括的な事例研究は見当たらない。

本研究では、感覚過敏性が高く、不登校状態にあった ASD（アスペルガー症候群）のある男児に対し、行動論的アプローチを用いて、専門機関への来所行動を形成、定着させ、さらに家庭への支援と学校との連携を行いながら、専門機関の環境を学校場面に近づけることで、登校復帰を果たした。専門機関において行った、アセスメントに基づいた学校や地域機関との連携を踏まえた包括的な登校支援の効果について検討を行う。

Ⅱ．方　法

1．対象児

母親（30 代、会社員）と妹（幼稚園年長児、ADHD）の 3 人家族であった。本研究の支援開始時の生活年齢は 10 歳 6 カ月，小学校 4 年生の男児であり，通常学級に在籍していた。8 歳時に医療機関においてアスペルガー症候群の診断を受けており診断当初は定期的に通院していたが、処方されていたリスペリドンの服用を本人が拒否するようになって以降、通院は途絶えていた。8 歳 9 カ月時の WISC-Ⅲの結果は、FIQ118、VIQ111、PIQ122 であった。ひらがな、カタカナ、数字は読むことはできるが、書くことに対し抵抗が見られた。漢字を読むことも困難であったが、マンガ等から熟語の意味を読み取っているものもあった。不登校状態が継続することにより、学習の遅れが生じていた。手指操作に関してはプラモデル作成やゲームを楽しむことができたが、運動は概して苦手であった。

A 市の教育相談からの紹介で、X 年 10 月より B 大学附属発達心理臨床研究センター（以下、センター）での支援を開始した。母親とは並行して面接を行った。

2．不登校に至る経過

母親及び、通常学級の担任、特別支援教育コーディネーターからの聞き取りによると、対象児は幼稚園時から登園渋りがあり、小学校入学後もその傾向が見られた。小学 3 年生の夏以降から、教室に入ることを強く拒否するようになり、週 2 日ほどの登校状態となった。

幼稚園時より、登校時や運動会等の行事に泣き叫ぶ等、活動上の困難性が報告されていた。小学校の 1、2 年生時に大きなトラブルはなかったが、一日中粘土で遊んでいる時がある等、学習の取り組みには課題があった。3 年生時に担任が替わり、担任が他の児童に対して強く叱った場面を見たことをきっかけに、教室に入ることを拒否するようになった。

小 3 時までの友人との関係としては、登校時に声をかけてくれ、一緒に遊ぶ特定の友人はいた。また、友人との深刻なトラブルはない様子であった。まれに友人が家に遊びに来たり、友人の家に遊びに行ったりすることもあったが、対象児のペースで一方的に遊びが進むため、一緒にいる友人の活動が制約されるといっ

たことが報告されていた。

　学校への登校経路はほとんどが上り坂で、対象児の足で休まずに 40 分かかった。そのような状況から、登下校は母親が車で送り迎えしていた。3 年生時から、教室での活動に対し拒否が見られるようになり、会議室等で一日中パズルやプラモデル作り等をして過ごすようになった。対応としては手の空いた教員が様子を見ることはあったが、特定の時間に特定の教員が入ることはなかった。

3．インテイク時の状態

　母親及び、通常学級の担任、特別支援教育コーディネーターより聞き取りを行った。

（1）家庭での状況

　ゲームやマンガを買う時以外は外出も拒否することが多く、それ以外はずっと家にいる生活が続いていたことから、極度の肥満状態であった。また、生活リズムの昼夜逆転が見られていた。

　対象児は音や臭いに対する過敏性が強く、はじめての活動、場所、人に対して強い抵抗がみられた。こだわりについては、落ちている乾電池等を拾い家に持ち帰る、所有物を処分することに対して拒否を示す、家の大半を自分の部屋と一方的に決め、部屋のレイアウトの変更に対し拒否を示す、強い偏食がある、決まった服以外の着用を拒否する、一年を通し就寝時は窓を開け、扇風機をつける等であった。母親と妹は対象児の要求通りの生活を強いられていた。

　家庭においては、上記の強いこだわりに加え、妹に対する暴言や拳で殴る、蹴る、物を投げるなどの暴力が生起し、それを制止しようとする母親に対しても向けられていた。

　欠席時、母は日中仕事に出るため、対象児は家庭で TV、ビデオの視聴、TV ゲーム、プラモデルの製作等、好きな活動をして過ごしていた。

　不登校に対する当初の母親の対応として、対象児が日中から好きなゲームをできないように、ゲームのコントローラーを隠したことがあったが、その日の夜に、対象児からの激しい暴言、妹への暴力があり、それ以降は対象児に関して母親からは強くは言えない状態となっていた。

　このような状態によって母親は気が休まる暇がなく強いストレス状態におかれており、妹においては、対象児からうける暴力の重篤化も懸念される状態であった。

　不登校と前後して、家庭以外のトイレに対し強い拒否を示すようになった。学校においても必要に迫られてはじめて職員用トイレで排尿を行うことができたが排便はできなかった。トイレの使用においては、臭いへの過敏性に加えて、排便時に服を全て脱ぎ、扉を開けっ放しにする、便をふき取る際、紙を団子状にまるめて拭き、手についた便を壁に擦り付ける等の不適切な行動もみられた。

（2）学校での状況

　小学 4 年生以降は、通常学級に籍を置きながら、校内の対応として、特別支援学級に通級していた。学校には月に半分ほど通えることもあった。不登校時は前日に「登校せなあかんなあ。」と母親に言う様子は見られたが、当日になってやっぱり行かないと言い、欠席する状態が続いていた。特別支援学級担任と、対象児や母親との関係性については、双方不定期に電話連絡を取ることや、家庭訪問で面会するなどの取り組みを行っていた。しかし、登校上の困難につながる過敏性や学習上の困難さ、新奇活動への抵抗など、本人の状態についての把握はできていなかった。また、そのことによって担任は、単独での支援に限界を感じているという発言も見られていた。

4．支援スタッフと役割

　第一著者は支援開始当時、現職教員の立場で特別支援教育を専攻する大学院生であった。担当は対象児の通所における活動の実行と、小学校における通学の計画立案と小学校との連絡調整を行った。また、教育委員会の指導主事など、支援者会議の連絡調整を行った。

　第二著者は第一著者の学ぶ大学の指導教員で、週に一度、対象児、母親面接、学校連携など、包括的支援のスーパーヴァイズを行った。

　大学院センタースタッフ C は教員経験なしの大学院生であった。対象児の通所における主な活動の立案、実行を行った。同じくスタッフ D は現職教員の大学院生であった。母親との並行面接を行った（X ＋ 1 年 3 月以降）。

5．倫理的配慮

　支援を行うに当たって、センターの倫理規定に基づき支援方針を策定し、保護者に事前に説明し代諾を得た。また、学校と連携を行うに当たっては当該校および当該の教育委員会に説明し承諾を得た上で、連携を行った。本稿執筆に際しては、改めて代諾者としての保護者及び学校長の承諾を得た。

Ⅲ．支援経過

1．支援方針の決定と連携体制の構築

　対象児は日中家に一人で過ごし、好きな時にゲームができる状況であったことに加え、初めての場所や活動、人に対する抵抗から、来所への動機付けも低く、拒否的であった。このことから、当初は本人のセンター来所と活動への動機づけを高めることを主な目的とし、好きなゲームやアニメ、マンガ等を強化子として取り入れた支援プログラムを作成した。母親には並行面接によって情報共有や心理的サポートを行うこととし、家庭における対象児の様子の聞き取りや、暴言・暴力への対処法、段階的な登校について相談を行うこととした。支援方針は保護者と共有し、協力を得られるようにした。

　A市の教育相談やセンターで第二著者が母親からの相談を受けるまで、医療、福祉からの支援はない状態であった。相談開始後、市の教育委員会や特別支援学校の特別支援教育コーディネーター、市の障害福祉課、B大学のスタッフらのメンバーによる支援会議を定期的に行う体制をとった。また、母子家庭での激しい暴力行為の存在と、日中一人で過ごしている状態もあることから、緊急時の対応やセーフティネット構築の必要性から、地域の民生委員や退職警官などに依頼し、定期的な見守りや連携会議を行える体制をとった。

2．センター通所期（X年10月〜X＋1年8月）

（1）来所行動の安定化（X年10月〜11月）

　当初は2週に1回1時間、センターへ通所することを目標とした。方略として対象児がスタッフと好きなアニメ、ゲームの会話をしたり、好きな遊びを行ったりすることで、来所行動の安定化を図った。

　対象児は当初センターに来ることを拒否していた。そこで母親と話し合い、中古のマンガ本（100〜500円程度）を来所の強化子として設定した。さらに、センターでの活動自体を強化子として移行していけるよう、対象児の好みに沿ってチャンバラやボール投げ、野球盤等、対象児の指定した遊びをスタッフと行ったり、好みのマンガやアニメについて会話を行ったりする時間をプログラムの中に設定した。これらのかかわりの中で対象児は頻繁に笑顔を示し、帰宅中に楽しかった活動を母親に話す等の様子が見られた。

　対象児の不安を低減するためその日の活動メニュー

は事前に伝えていたが、センターへの来所を渋った場合は、スタッフに電話をすることとし、行いたくない活動を伝えることができた場合その要求を受諾した。事前に予告した活動が、初めて取り組むものであった場合に、スタッフに電話をしてくることが多くあった。電話ではやり取りを適切に行うことができ、活動内容の変更が欠席の要因となることはなかった。

　またその場で活動を拒否したい場合は、スタッフにやりたくない意思を伝え、1分だけ続けることができればやめてもよいというルールを設定した。さらに1日の活動の最後には最も好むアニメのカードゲームをスタッフと対戦できるようにした。

（2）登校に向けた段階的な学習場面の導入（X年12月〜X＋1年8月）

　隔週の来所が安定したことから、12月から1月まで週1回、2月から8月までは週2回と段階的に通所回数を増やした。同時に対象児の好む活動のみで構成されてきた支援メニューに、徐々にスタッフの提案した活動を導入し、本児が選択できるようにした。その後、対象児は本人の好きな活動だけでなく、スタッフの提案した活動にも少しずつ取り組むことができるようになった。そのためスタッフの提示する活動の中に、プリント学習や、体力づくりのための体を動かす遊びなど、学校場面を想定した内容を取り入れた。プリント学習は、仮名の書字及び漢字の読みを目的として、対象児の好きなアニメのキャラクターを用いた教材を用意した。また、体を動かす遊びとしては、『ケイドロ（警察と泥棒ごっこ）』『トランポリン』等を設定し取り組んだ。対象児は当初仮名文字においても書くことのできない文字があったが、プリント学習を継続していくことで全ての仮名文字を書くことができるようになった。また、運動不足や生活習慣の乱れのため肥満状態にあり、腰痛を訴えることが度々あったが、準備運動を行い、体を動かす遊びを実施していくことで腰痛を訴えることはなくなった。これらの活動は他の活動と同じように対象児が選択できるシステムの中で実施されたが、楽しみながら取り組めるよう設定を工夫することで、いずれも高い確率で選択された。

　登校を困難にする要因のひとつとして、家庭以外で排泄できないことも考えられたため、センターや学校で排泄を行えるようになることを目的とし、センターのトイレで排尿をすることに取り組んだ。当初はトイレの扉を開けることにも不安を示す様子であったが、トイレの扉を開け、中を見ることを最初の目標として

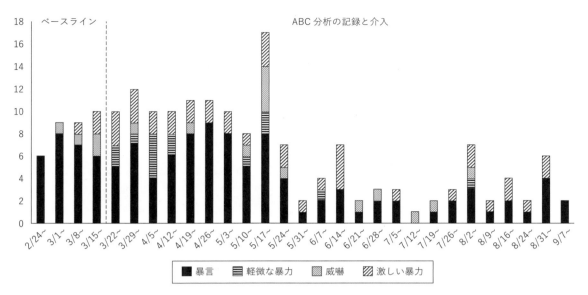

図1　家庭におけるきょうだい間のトラブル数の推移

スモールステップで取り組み、達成した目標に対し、ポイントが加算され、特別な遊び等のバックアップ強化子と交換できるトークン・エコノミー法を用いることで、センターでの定時排尿を行えるようになった。また、これらの指導を行いながらも、センターへの通所に対し意欲的であることから、通所に対してマンガ本等のご褒美を買わないという約束が交わされ、以降守られた。

(3) 家庭での暴力行為に対する支援（X＋1年3月～9月）

　母子並行面接を行い、家庭における母親や妹に対する暴言、暴力などの家庭内暴力について聞き取りを行い、家庭内暴力が生起しやすい場面の特定を行った。当該場面において、母親が記入したABC分析の記録用紙を用いた機能的アセスメント（O'Neill et al. 1990；原口・井上，2010）を行った結果、暴言・暴力の機能としては、妹のしつこいかかわりに対しての回避行動、母に対するテレビゲームなどの要求行動が推測された（小泉他，2008）。そこで、並行面接において、環境調整を中心とした家庭での対応、ブロークン・レコード法（井上，2015）の教示を行った。図1に家庭におけるきょうだい間のトラブル数の推移を示した。

　対象児の暴言について、記録を振り返ると母親の言語での注意が対象児の問題行動を増加させることが推察された、そこで、意識的に過剰に反応せず、対象児と妹との間に入り、一緒に遊ぶなどの対処を工夫することで、暴力行為の低減が見られた。一方妹に対する暴力は引き続き見られたが、きっかけとして妹からのしつこい話しかけや叩くなどの暴力があり、妹の興奮時の行動に対して、仕返しとして行っていることが多いことが明らかになった。

　X＋1年4月からは、母親からの聞き取りにより、妹についても学校生活において逸脱や拒否が見られていたことから、センターにおいて、妹への上記の行動に対する機能的アセスメントに基づいた支援も開始した（古谷他，2008）。

3. 登校支援期（X＋1年7月～X＋2年3月）

(1) 登校再開に向けた学校とのやりとり

　小学校との登校支援に関して、X年度の11月に初めて小学校内で合同会議をもったが、登校支援への具体的な手立てには結びつかず、今後も引き続き連携していくことを確認するのみにとどまった。対象児の家庭内での暴力・暴言に関しては、引き続き、市教育委員会特別支援教育課の指導主事と連携を取り、福祉・学校・教育委員会・病院・警察等の地域機関との会議を定期的にもった。

　X＋1年の7月には、センターでの安定の経過を踏まえて小学校の特別支援教育コーディネーターとスタッフが会議をもった。学校の状況として、特別支援学級の担任が対応しているが、学校内の連携としては十分でないことから、外部機関であるセンターとも連携をしていきたいという話があった。夏休み開始時に改めてセンターと小学校との支援会議を開いた。小学校は支援チームとして、学校長、特別支援教育コー

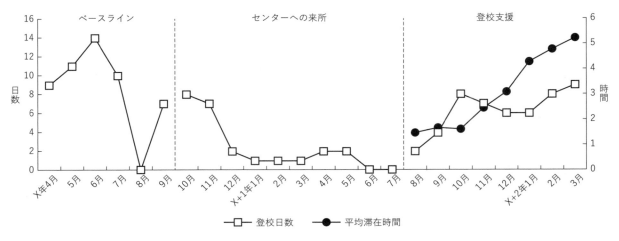

図2　登校日数及び学校滞在時間の推移

ディネーター、通常学級担任、特別支援学級担任が出席した。センターへの通所に関しては、対象児の意欲が高く、日数を増やしてほしいという発言が見られること、センターのトイレでの排尿にも抵抗が見られなくなったこと等の経過を説明した。その上で、他の子どものいない夏休みから徐々に登校支援を行うことを確認した。また、ここで特別支援学級担任より、単独での支援は困難であると相談があり、特別支援教育コーディネーターから、校内全体で支援体制が提案された。

(2) 登校に向けた困難さのアセスメント（X＋1年8月）

　小学校への登校支援を行うにあたって、センター以外のトイレの使用や音刺激、食事（給食）の臭いに対する抵抗のアセスメントができていなかったため、夏休みに大学内において1泊2日の宿泊訓練を行った。外出先のショッピングセンターのトイレに関しては抵抗が見られたが、レストランでの臭いやゲームセンターの騒音に対する抵抗は見られなかった。また、エアコンの設定温度を常に低くしたがるなど、暑さに対しては非常に敏感であることが確認された。

(3) 段階的な登校支援の開始（X＋1年9月〜X＋2年3月）

　宿泊後の8月の末に対象児にセンターが工事のため使用できないこと、学校は他の先生や児童がいないため静かで広く使えることなどを説明の上、小学校で活動を行った。活動は玄関から最も近いカーテンが閉まり空調が効いた教室で行った。当初は変化への抵抗を弱めるためセンターのスタッフが学校に出向き活動を行った。その後も児童のいない土曜日に数回行い、小学校での活動に対する拒否が見られなくなったことか

ら、次のステップとして、センターのスタッフと教員が協同して活動を行った。その際、センターの活動には行き、小学校には行かないという事態になることが懸念されたため、今後はセンターでは活動は行わず小学校のみで行うと方針を決定した。実施の際に、対象児には今後は小学校のみで活動を行うこと、内容はセンターと同様なこと、対象児が望めば日数や時間を徐々に延ばせること、友人や教員を呼べること等を説明し同意を得た。

　登校を始めた当初は活動日を他の児童のいない土曜日の週1日としたが、対象児の意欲が高く回数の増加をスタッフに要望するようになった。しかし学校からは、教員に対する負担も挙げられたため、対象児の合意の上、10月から平日の週2日とした。また、時間も1時間30分から、徐々に延ばしていった。その日の活動内容の作成、進行は、スタッフから小学校の教員に移行していった。登校時間が増えると、センタースタッフのいない時間も対象児が登校するようになり、必然的に教員が体制を組み対応を行うようになった。学校の体制も、担任教員のみの対応から、学年の教員、特別支援学級の教員、支援員も含めた支援チームが結成された。

　活動内容としては、それぞれの教員が主体となって計画するよう移行し、工作や国旗のプリント学習、『ケイドロ』等が設定され、本人が選択し活動できることが定着した。その結果、支援登校時間は2、3月には毎回5時間となった。昼食は給食に抵抗が見られたため、弁当を持参するようにした。

　図2に登校日数及び学校滞在時間の推移を示した。大学が支援を行う以前は、月に6日から半分ほど通える日もあったが、日々母が根気強く説得して登校して

いる状況であった。「センターへの来所」期で、本児のセンターへの来所が始まると、センターへの来所日数が安定するにしたがい、小学校への登校日数が低下した。そのため来所経過については、小学校の担任と定期的に E メールで連絡をとり、経過を報告した。本児が意欲的にセンターへの来所を希望するようになると、センターでの活動内容を、登校を視野に入れた段階的な学習課題の導入、家庭以外での排尿の練習などを行った。「登校支援」期では、週 1 日の登校からはじめ、本人の意向に基づいて段階的に登校日数を増やしていった。X + 1 年 10 月で週に 2 日となったが、本人の登校の意向が高まり、本人の意思で X + 2 年 2 月以降は、他の日に登校することも見られるようになった。なお、滞在時間は X 年 8 月より計測を行った。

4．支援後のフォローアップ

　X + 2 年 3 月で登校支援を終えたが、支援後 1 年間、母親と学期ごとに、定期的に電話によるフォローアップを行った。X + 2 年 4 月より特別支援学級の在籍が正式に決まった。登校は複数の教員が対応を引き継いだため、その後も維持された。対象児は小学校を卒業後、知的障害特別支援学校中学部に入学した（当時の対象児の自治体では知的障害でなくても入学が可能であったため）。特別支援学校入学に際しては、卒業前に数回、特別支援学校の特別支援教育コーディネーターに実際に様子を確認してもらい、引き継ぎを行った。初めは週に 2、3 日の登校であったが、中 1 の年度末にはほぼ毎日通学ができるようになり、卒業まで維持された。対象児はその後居住する県内の普通科高等学校に入学したが、通信制の高校に転校し卒業することができた。

Ⅳ．考　察

　本事例は不登校状態にあった ASD のある男児に対して、対象児が課題として有していた感覚過敏性とこだわり、暴力行為についての実態把握を行い、センターの通所を通してスモールステップで再登校に向けての学習を行った。また、学校、教育委員会、警察、行政など、地域機関の支援体制を整えた上で、並行して母親と面談を行い、家庭での環境調整を行うことで、暴言や暴力行為の低減をはかった。結果、学校と連携しながら、再登校へ移行することができた。以

下、感覚過敏性と家庭内暴力を呈した ASD 児に対するアセスメントに基づいた家庭支援、地域機関との連携を踏まえた包括的な登校支援について考察を行う。

1．実態把握と連携体制の構築について

　対象児は、センターへの来所当初より、聴覚などの過敏性が高いことが報告されていた。過敏性が要因と考えられる外出やトイレ、食事などに対する抵抗については、母親からの聞き取りをもとに、支援当初は慎重に対応した。光を避けるためカーテンをかけ、遮音性のある部屋で、冷房を効かせて活動を取り組んだ。その後、スモールステップで慎重にトイレや外食、外出などの指導を取り組んだ。その結果、大学構内の自動販売機での購入から始め、ハンバーガーなどの購入が可能となった。また、センターでの排泄についても、トイレに入ることから段階的に指導を行い、排泄行為が可能となった。

　井上（2010）は、WHO による国際生活機能分類（International Classification of Functioning, Disability and Health; ICF）の定義を挙げ、二次障害の予防や治療のためには障害特性や発達という個人因子だけでなく、家族機能を査定し、その家族に合った支援を提供していく必要があると述べている。本事例では、連携体制について、不登校状態という学校との問題だけでなく、家庭内での暴力行為を母親が制止できない状況であった。そのため、教育だけでなく、市の障害福祉課や、地域の民生委員など緊急時の対応に備え、家庭と地域支援者との連携体制を構築することが必要であった。

2．定期的な通所に至る環境調整と支援

　母親が日中ゲームをすることができないように、ゲームのコントローラーを隠すことで、対象児が家族に暴言、暴力をふるい、母親は対象児の生活習慣について口出しができない状態に陥っていた。生活習慣の改善に向けて、当初は生活リズムの安定化のためセンターへの通所を目標として、対象児にとって興味のあるアニメやマンガの話をスタッフとすることや、対象児の指定した遊びをスタッフと行うこととした。不登校状態にある本人が定期的に支援機関へおもむく必要がある場合、当初から不登校や二次障害に関する課題設定を行うと、通所に対する動機付けが困難であることが報告されている（木村・岡田，2005）。石坂ら（2008）は、家庭において暴力や破壊行動を起こすアスペルガー症候群青年に対し、インテイク時は治療契

11

約を結ぶことができず、定期的な通所への動機付けとして好きな特撮番組についてスタッフと一緒に話すことを通所の目的として確認し、対象者の興味のある話からスモールステップで主訴への話へと移行していった。本対象児においても、興味関心のある話題や活動の導入が通所の安定化に貢献したと考えられる。

3. センターでの定期来談の安定化

センター通所へのステップとして、本事例では、不登校状態であった対象児が2週に1回、1時間の通所から、最終的には週2回、5時間の通所が継続するようになった。センターへの通所期では、対象児が安心して過ごせるよう、アセスメントをもとに、カーテンを閉め、騒音の入らないようにした環境で、限られたスタッフと対象児と確認をした活動を、スケジュールを用いてセッションを行った。来所行動が形成されたことを確認すると、新しいスタッフを参加させたり、カーテンを開けたりする等徐々に統制された条件を崩し、学校の状態に近づけていった。井上（2007）の指摘にあるように、環境アセスメントを行い、過敏性に対する実態把握を行ったうえで、安心できる来所設定を整えることが有効であったと考えられる。

4. センターでの課題の選択決定と成功体験の増加

本事例では、来所の安定化に伴い、再登校にむけて学校においても実行可能な段階的な学習プログラムの設定を検討した。方略としては、本人の好みを取り入れた課題内容を対象児に選択設定してもらうことであった。内容は、対象児の好むものからはじめ、段階的にスタッフの提案する机上で取り組める活動、鉛筆を用いた活動など、学習場面に近づける課題を加えた。課題内容を段階的に学校に近づけたこと、スモールステップで課題を進めたことが有効であったと考えられる。

5. 母親への支援による家庭内暴力の低減

井上（2007）は、不登校状態が長時間続いている状態ではまず家庭の生活リズムの安定をはかり、学校の不安要素に対しての対策が必要と述べている。不登校状態が長時間継続している本事例でも、多くの時間を過ごす家庭環境の安定を図る必要があったため、並行して母親面接を行った。対象児の家庭における母親や妹に対する暴言、暴力などの家庭内暴力について聞き取りを行い、家庭内暴力が生起しやすい場面を特定し、機能的アセスメントに基づいた、環境調整を中心

とした家庭での対応、ブロークン・レコード法の教示を行った。また、家庭内暴力の機能的アセスメントを行った結果、妹の暴言や暴力がきっかけであることが明らかになった。岡村ら（2010）は、家庭場面における行動問題の軽減、本人と家族を中心とした支援システムとして、月1回のコンサルテーションの有効性を指摘している。本事例においても、対象児だけの問題ではなく家庭全体の問題があり、包括的な支援が必要であった。

また、支援開始当初は家庭内暴力が深刻な状況で、母親をバックアップするための体制づくりを行う必要があった。保護者の了承のもと、教育委員会や福祉、民生委員など、地域の資源と情報を共有し、必要な支援を提供できるバックアップ体制の構築を行ったことも母親が安心して来所できる環境整備に結び付いたと考えられる。

6. 学校との連携による段階的な登校

学校との連携は、本事例においては登校支援に向け、X年11月に一度学校と会議を持ち、その後も連絡を取ることを試みたが、具体的に連携して登校支援をすることはなかった。学校現場においては、外部機関との連携の困難さがしばしば指摘されている。理由として、学級担任が問題を抱え込んでしまうこと、専門機関との連携を個々の教員に委ねてしまうこと、外部機関に任せきりになってしまうこと等が挙げられる（文部科学省，2004）。対象児の通う小学校においても、支援当初は日常の登校支援を特別支援学級担任がほぼ一人で行っている状態であった。本事例では、X＋1年7月に再度小学校の特別支援教育コーディネーターと話し合いをもった。そこで登校支援について、学校とセンターが連携した形で取り組む必要があることを確認した。具体的な連携を行うことができた要因として、小学校の特別支援学級担任のみでなく、他の教員と話し合いを持ったことが有効であったと考えられる。特別支援学級担任は、支援当初は学校の教員ともセンターとも連携を取ることが不十分な状態で、対象児の対応を一人で抱えこみ、強いストレス状態であった。特別支援教育コーディネーターは話し合いの中で、特別支援学級担任が一人で抱えていることに対し課題を述べていた。担任とは機能しなかった連携の具体的な話し合いが、学校内のキーパーソンを入れることで、支援チームを結成し機能したといえる。本研究では、センターへの通所が定着した児童を再登校につなげるために、高い過敏性を呈した対象児の登校の

負担を軽減させることが必要であった。そのため、センターのスタッフが学校へ赴き、学校とプログラム、再登校へのプログラムを共有した。その上で、環境の変化を最小限にとどめた支援を行った。活動内容、活動のスタッフについては、学校の教員と連携し、徐々に教員が一緒に活動を行うよう、スモールステップで支援を行ったことが有効であった。

謝辞：本研究にあたり、共に支援に取り組んだ学校の先生方、スタッフに記して御礼申し上げます。

〈文　献〉

相澤雅文（2004）高機能広汎性発達障害児（者）と「不登校」「ひきこもり」の臨床的研究．障害者問題研究, 32(2), 59-67.

原口英之・井上雅彦（2010）発達障害児の問題行動のアセスメントに関する面接者トレーニングの効果．行動療法研究, 36(2), 131-145.

平山菜穂・井上雅彦（2005）不登校状態にあった高機能自閉症児に対する行動論的アプローチ．臨床精神医学, 34, 1217-1223.

古谷奈央・小泉和子・井上雅彦他（2008）拒否・逸脱の多い ADHD 児への機能的アセスメントに基づいた介入．日本行動療法学会発表論文集, 168-169.

井上雅彦（2007）不登校を伴う高機能広汎性発達障害児への包括的支援．小野昌彦・奥田健次・柘植雅義（編）行動療法を生かした支援の実際．東洋館出版, 92-107.

井上雅彦（2010）二次障害を有する自閉症スペクトラム児に対する支援システム．脳と発達, 42, 209-212.

井上雅彦（2015）家庭で無理なく対応できる　困った行動 Q & A—自閉症の子どものための ABA 基本プログラム 4. 学研教育出版．

井澤信三（2002）学習障害が疑われる不登校生徒に対する行動論的支援経過の検討．発達障害支援システム学研究, 2(1).

石坂　務・佐野基雄・原口英之他（2008）暴力や破壊的行動を起こしているアスペルガー症候群の青年への支援．日本行動療法学会発表論文集, 250-251.

加藤哲文・大石幸二（2004）特別支援教育を支える行動コンサルテーション—連携と協働を実現するためのシステムと技法．学苑社．

木村記子・岡田　俊（2005）限局した関心を介したかかわりを通じて情緒安定化がもたらされたアスペルガー障害がある男児の治療過程．臨床精神医学, 34, 1343-1350.

桐山正成（2006）思春期において不登校を呈した7例のアスペルガー症候群の臨床的特徴．川崎医会誌, 31(3), 111-125.

小泉和子・古谷奈央・上田暁史他（2008）アスペルガー症候群と ADHD 児のきょうだいの家庭内トラブルへの支援．日本行動療法学会発表論文集, 244-245.

圓山勇雄・宇野宏幸（2013）発達障害児の「登校しぶり」への包括的支援—子どもと母親の関係の再調整を中心として．特殊教育学研究, 51(1), 51-61.

文部科学省（2003）今後の不登校への対応の在り方について（報告）．不登校問題に関する調査研究者会議報告．

文部科学省（2004）学校と関係機関等との行動連携を一層推進するために．

文部科学省（2010）生徒指導提要．

Munkhaugen, E. K., Gjevik, E., Pripp, A. H. et al. (2017) School refusal behaviour: Are children and adolescents with autism spectrum disorder at a higher risk?. Research in Autism Spectrum Disorders, 41, 31-38.

岡村章司・井上雅彦・高階美和（2010）自傷行動を示す知的障害児に対する家族支援—月1回の母親へのコンサルテーションを通して．特殊教育学研究, 47(5), 307-315.

奥田健次（2006）不登校を示した高機能広汎性発達障害児への登校支援のための行動コンサルテーションの効果—トークン・エコノミー法と強化基準変更法を使った登校支援プログラム．行動分析学研究, 20(1), 2-12.

O'Neill, R. E., Horner, R. H., Albin, R. W. et al. (1990) Functional analysis of problem behavior: A practical assessment guide. Sycamore Publishing Company.

武井　明・宮崎健祐・目良和彦他（2009）不登校を呈した高機能広汎性発達障害の臨床的検討．精神医学, 51(3), 289-294.

The Japanese Journal of Autistic Spectrum 2020, Vol.18-1, 15-20

資料

ペアレント・メンターにおける自己体験の語りの意味

Meaning of self-experience narratives for parent mentors

井上　雅彦（鳥取大学大学院医学系研究科臨床心理学講座）
Masahiko Inoue（*Tottori University Graduate School of Medical Science, Clinical Psychology*）

奥田　泰代（鳥取大学大学院医学系研究科臨床心理学専攻）
Yasuyo Okuda（*Tottori University Graduate School of Medical Science, Clinical Psychology*）

■**要旨**：発達障害の親であり親のための相談者であるペアレント・メンターが、自らの体験の語りについて、聞き手である他者との関係の中でどのように捉え、価値づけしているのかを検討するため、ペアレント・メンター52名（51名が子どもに自閉スペクトラム症の診断あり）に対し、自分の体験を話した機会とその肯定的体験、否定的体験及びその理由について自由記述の質問紙で回答を求め、その内容をKJ法に準拠した手続きにより整理・分析した。本研究の結果から、ペアレント・メンターがメンター活動の中で自己体験を語るさまざまな機会が示された。肯定的体験や否定的体験になりやすいカテゴリ項目が存在すること、また同じカテゴリの項目でも関与する要因によって、肯定的体験にも否定的体験にもなりうることも明らかとなった。またこれらの体験に関与する要因として、【聞き手からの共感】【聞き手との交流】【達成感】【語りへの抵抗】という4つが得られた。これらの結果をもとに、ペアレント・メンターが自己体験を話すことの意味とメンターの語りという活動への支援のあり方について考察した。

■**キーワード**：ペアレント・メンター、自己体験の語り、質的分析

Ⅰ．問題と目的

　発達障害児・者の家族支援について、厚生労働省は2010年度より発達障害支援体制整備事業において、ペアレント・メンター及びその活動を調整するペアレント・メンター・コーディネーターの養成と配置を推奨している。

　ペアレント・メンターとは、発達障害のある子どもを育てる先輩保護者のことで、他の親の相談役となる人のことである（井上他，2011）。自身が発達障害のある子どもの親という当事者性を持つペアレント・メンターは、共感性の高さという専門家にはないメリットがある反面、過剰な共感や自己体験との同一視などによる不安や不全感に悩まされるリスクもあることが指摘され、これを低減するために養成研修とバックアップ機関によるサポートが推奨されている（井上他，2011；日本ペアレント・メンター研究会，2019）。また、その研修効果についての検討もなされている（Takezawa et al., 2015）。

　最近のペアレント・メンター活動に関する自治体調査（日本ペアレント・メンター研究会，2019）において、メンターによる「保護者向け研修」を行っている自治体は38箇所中25箇所（66％）であり、「グループ相談」の26箇所（68％）についで多く、メンター自身が語る機会の多さが示されている。またメンターなど先輩の親の体験談を聞くことは、発達障害のある子どもの親から高い期待があり（北海道発達支援推進協議会，2013）、保護者向け研修においてもグループ相談においてもメンターが自らの体験を語る機会は多いと考えられる。

　障害のある子どもを持つ親の育児体験の語りについては、特に発達障害の中でも自閉スペクトラム症（以下ASD）の子どもを持つ親を対象として、ナラティブや質的研究の側面から探求する研究がいくつか行われてきている（Midence & O'Neill, 1999; Huws et al., 2001; Gray, 2001; Myers et al., 2009; Tait et al., 2016; 山根，2012）。しかしながら、自らも親であるメン

ターが聞き手である他者との関係の中で、語りの意味について分析を行った研究は非常に少ない。

Huwsら（2001）は、電子メールサポートグループに所属するASD児の親について、他者との関わりの中で、自らの子育て体験の中から意味を作ることが重要であると指摘している。メンターの自己体験の語りは、聞き手である親の養育体験の意味づけにとって大きな影響を及ぼすだけでなく、その聞き手の反応は語り手であるメンター自身の自己の体験の意味づけに対しても、また大きな影響を持つと考えられる。

本研究では、発達障害のある子どもの親であり親のための相談者であるペアレント・メンターが、自らの体験の語りについて、聞き手である他者との関係の中でどのように捉え、価値づけしているのかを検討することを目的とした。そのためメンターに自由記述による質問紙調査を行い、質的研究法であるKJ法（川喜多，1967；川喜多，1970）を用い、メンターの「体験の語り」による肯定的体験や否定的体験とその要因を分析することで、自らの体験の語りを支えるための支援や研修のあり方について考察する。

Ⅱ．方　法

1.　調査対象者

ペアレント・メンターのフォローアップ研修に参加し、調査対象となることを承諾した発達障害の子を持つ親52名（A県20名、B県32名）を対象とした。回答したメンターはすべて女性（母親）で平均年齢は50.1歳（標準偏差6.4）、メンターとしての経験年数は平均2.8年（標準偏差0.75）、子どもの障害については1名（LD）以外全員ASDであり、性別は男子42名と女子10名、平均年齢は20.3歳（標準偏差4.3）であった。

2.　調査項目

調査用紙は無記名であり、調査対象者の基本情報（性別、年齢、経験年数等）及び調査対象者の子どもの情報（障害名、性別、年齢等）の記入を求めた。設問は自由回答形式で、①今までのメンター活動で自分の体験を語るどのような機会があったか（語りの機会・内容）、②その中で最も自分が体験を話せてよかったと思えたものは何であったか（肯定的体験）、③話せてよかった理由は何であったか（肯定的体験の理由）、④今まで自分の体験を話して最も嫌だったものは何であったか（否定的体験）⑤話して嫌だった理由は何であったか（否定的体験の理由）、の5項目であった。

3.　調査手続き

調査対象者に対して調査の趣旨やプライバシーの保護、協力は任意であること、研究協力拒否の権利、拒否の場合にも不利益を受けないこと、データの取り扱いなどについて口頭と文書で説明し、文書によって同意を得、同意の得られた調査対象者に自由記述による質問紙を配布し、回収した。

4.　分析方法

得られた自由記述データについてはKJ法に準じた分析方法を用いて質的分析を行った。自由回答データに複数の内容が入っている場合は分割してラベル化した結果、ラベル総数は491枚であった。ラベルは似通った内容ごとにカテゴリ分けされた。カテゴリ分けは第二著者を含む障害児・者に関する心理臨床を専門とする大学院生3名で分類した後、第一著者を含めてカテゴリに対して再ラベリングを行った。ラベリングされた内容としてあげられた頻度を比較するために各カテゴリのラベル枚数を明記してカテゴリ間で比較する手法を内容分類と併用した。一般的に質的研究ではデータを数量化することを目的としないが、数量を示すことで肯定的体験と否定的体験及びその理由を考察する上で参考とした。

5.　倫理的配慮

本研究について著者の所属する大学医学部倫理審査委員会の承認を得た。

Ⅲ．結　果

表1に自己体験の語りの機会・内容のカテゴリと肯定的体験・否定的体験のラベル数（％）を示した。一人が複数を記述したものもそれぞれ独立したラベルとしてカウントした結果、得られたラベルは11のカテゴリに分類された。また「語りの機会・内容」の中には肯定的体験、否定的体験どちらにもカテゴライズできないものも含まれた。表1を含む「回答例」については、代表的なものについて取り上げ、基本的には回答者が記述したままを掲載したが、語尾などは一部修正を加えた。以下、各カテゴリとその内容について述

表 1　自己体験の語りの機会・内容のカテゴリと肯定的体験・否定的体験のラベル数（%）

カテゴリ名	回答例	語りの機会・内容 n (%)	肯定的体験 n (%)	否定的体験 n (%)
①進路決定時の対応	進学・就職についてどのように選択したかなど、自分の経験を話したことがある	41 (24.0%)	14 (26.9%)	7 (15.6%)
②今まで受けてきた支援	検診などで診断が出てからの医療的や地域の支援を受けたことについて話したことがある	25 (14.6%)	10 (19.2%)	5 (11.1%)
③子どもの特性	子どもの特性や、関わり方で工夫していることについて話したことがある	22 (12.9%)	5 (9.6%)	1 (2.2%)
④語りの形式	茶話会、早期相談、啓発活動などの場で話したことがある	20 (11.7%)	3 (5.8%)	8 (17.8%)
⑤しつけ・子育て	しつけとしてやってきたこと、今までの子育ての話などをしたことがある	15 (8.8%)	0 (0%)	0 (0%)
⑥学校とのやりとり	学校とのやりとりで苦労したこと、学校生活で工夫してもらったことなどを話したことがある	14 (8.2%)	4 (7.7%)	8 (17.8%)
⑦家族の話題	両親の反応、きょうだいについて、妊娠していたときのことなどを話したことがある	12 (7.0%)	3 (5.8%)	13 (28.9%)
⑧障害受容	診断を受けたときのことについて話したことがある	10 (5.8%)	0 (0%)	3 (6.7%)
⑨親自身について	仕事のこと、親としての気持ち、自分のストレスマネジメントなどについて話したことがある	6 (3.5%)	8 (15.4%)	0 (0%)
⑩将来の展望	成長して自立に向かっている現在のわが子について話したことがある	4 (2.3%)	5 (9.6%)	0 (0%)
⑪情報交換	親同士で互いに情報を伝えあったことがある	2 (1.2%)	0 (0%)	0 (0%)
		171 (100%)	52 (100%)	45 (100%)

べる。

自己体験の語りの機会・内容として多くあげられたカテゴリは、「進路決定時の対応」、「今まで受けてきた支援」、「子どもの特性」の順であった。またこれらを含めいくつかのカテゴリは肯定的体験にも否定的体験にもなる場合があったが、上位三つは肯定的体験となる場合が数的に上回っていた。「しつけ・子育て」は話す機会としてはあげられているものの、肯定的体験と否定的体験のどちらにもあげられていなかった。

「学校とのやり取り」、「家族の話題」、「障害受容」、「まだ話せない」については、否定的体験としてあげた人が肯定的体験を上回った。特に「障害受容」のカテゴリについて肯定的体験としてあげた人はみられなかった。「親自身について」と「将来の展望」については全体の数としては少ないが、肯定的体験がすべてを占めていた。「語りの形式」については、語りの機会・内容として、茶話会や研修会など形式のみを答えた記述があったが、肯定的体験としては茶話会など同じ障害を持つ親の中での語りが多く、否定的体験とし

ては学校の PTA の研修会など一般向けの場での語りをあげたものが多かった。

肯定的体験と否定的体験の理由について、ラベルのグループ編成を 2 回繰り返した結果、肯定的体験の理由、否定的体験の理由としてともに 7 つの第一段階表札に統合された。なお表 1 で体験を記述した回答者も、理由について複数記述や回答なしも存在したため、表 1 と表 2、表 3 のラベル数は異なっている。

肯定的体験として捉えることができた理由としてあげられた表札を表 2 に示した。多い順に「聞き手の肯定的態度・反応」「達成感あり」「共感あり」「体験の振り返り」「体験からの気づき」「情報交換」「出会い」であった。これに対して否定的体験として感じられた理由としてあげられた表札を表 3 に示した。多い順に「聞き手の否定的態度・反応」「共感なし」「フラッシュバック」「達成感なし」「語りへの抵抗感」「経験不足」「自己嫌悪」と続いた。

またこれらを図解するため、第一段階表札をさらにグループ編成した結果、【聞き手からの共感】【聞き手

表2　自己体験の語りが肯定的体験となった理由

第一表札名	回答例	ラベル数（％）
①聞き手の肯定的態度・反応	感想をくれたり、「元気が出た」「心が軽くなった」などの声をかけてくれた	15（26.3%）
②達成感あり	楽観的に、楽しんでということを伝えることができた	12（21.1%）
③共感あり	共感してもらえたり、共感できたときによかったと思う	11（19.2%）
④体験の振り返り	原稿を考えて話すことで、自分の子育てを振り返る機会になった	10（17.5%）
⑤体験からの気づき	今までに気づかなかった自分の子育ての工夫や子どものいいところに気づいた	5（8.8%）
⑥情報交換	伝えるだけでなく、自分も新しいことを知ったり情報交換したりできた	3（5.3%）
⑦出会い	新しい出会いがあってよかった	1（1.8%）
		57（100%）

表3　自己体験の語りが否定的体験となった理由

カテゴリ名	回答例	ラベル数（％）
①聞き手の否定的態度・反応	話を否定されたとき嫌な気持ちになった	10（29.4%）
②共感なし	自分の子は地域の中で暮らしているが、相手からは施設に入れたほうが幸せと言われるなど、意見が合わなかった	9（26.6%）
③フラッシュバック	辛い思いをしたことを話しているうちに思い出してしまったから	4（11.8%）
④達成感なし	過去の学校の対応などについて話しているうちに悪口のようになってしまうから	4（11.8%）
⑤経験不足	自分が子育てで経験していないことを聞かれると理想論しか話せないから（性別の違いなど）	3（8.8%）
⑥語りへの抵抗感	家族関係のトラブルなど、プライベートなことを話すのは気が引ける	2（5.8%）
⑦自己嫌悪	うまく答えられなかったと思い落ち込むことがあった	2（5.8%）
		34（100%）

との交流】【メンターの達成感】【語りへの抵抗】という4つの第二段階表札の島に統合された。【聞き手からの共感】と【達成感】はその内容から肯定的な体験に関連するグループと否定的な体験に関連するグループに分けられた。

またグループ間の関連において、「原因・結果」については一方向矢印で、「互いに因果的」については両方向矢印を記入した。図解の総タイトルは『語りの肯定的・否定的体験に及ぼす要因』とした。

Ⅳ．考　察

本研究の結果から、ペアレント・メンターがメンター活動の中で自己体験を語るさまざまな機会があることが示された。またその中には肯定的体験や否定的体験になりやすいカテゴリ項目が存在すること、また同じカテゴリの項目でも関与する要因によって、肯定的体験にも否定的体験にもなりうることも明らかになった。

これらの体験に関連する上位カテゴリとして、【聞き手からの共感】【聞き手との交流】【達成感】【語り

への抵抗】という4表札が得られた。【聞き手との交流】は肯定的体験へ、【語りへの抵抗】は否定的体験に関連していた。

【聞き手からの共感】【達成感】は、肯定的体験と否定的体験の両者に影響する2つのグループを内包しており、影響の大きさが示唆された。【聞き手からの共感】は表2、3のカテゴリ数でも最も多く、聞き手からの共感がメンターにとって自らの語りを肯定的体験とするか否定的体験とするかを左右する大きな影響要因となっていることが示唆された。

【達成感】の肯定的な体験に関連するグループの中には、「自らのつらかった経験をふりかえり、大丈夫というメッセージにのせて伝えられた」、「大変なことは多いけど、笑えることも多い。面白いと思ったら子育ても楽になることを伝えられた」、「現在は未来だけでなく過去も変えられると気づけた（過去の人に対する感情まで暖かくなる）」などの記述があり、これらは「体験の振り返り」や「体験からの気づき」として付置された。

これらの記述は、自らのつらかった体験も語りの中で相手に希望を与えることができ、気づきや感謝に変わり得ることを示唆している。Waizbard-Bartovら

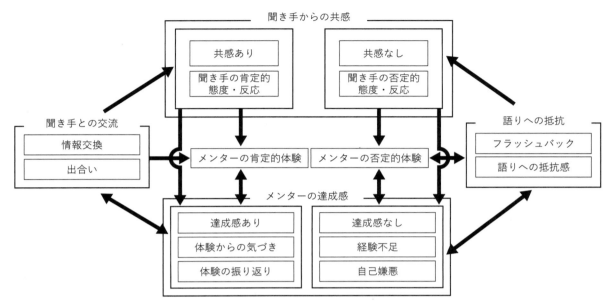

図 1　ペアレント・メンターの自らの体験の語りによる肯定的・否定的体験に及ぼす影響

（2019）は、ASD の子どもを持つ親にとって、個人的体験の物語の質が心的外傷後の成長経験に重要な役割を果たす可能性があることを指摘しており、本研究結果もこれを支持するものであったといえる。

　山根（2014）は発達障害児・者の母親における Benefit finding の役割について検討している。特に高ストレッサー下においては「人間関係の深化」と「自己の強さ」「生き方の変化」「価値観の転換」といった Benefit finding が高いほど、心理的ストレス反応が低下することを示し、障害のある子どもをもつ経験に対して何らかの有益性を見出すことは、逆境的体験がもたらす心理的適応へのネガティブな影響を緩和しうると論じている。また相川（2010）は、自らの体験を、語りを通して「経験的知識」として価値づけることが語り手に取って重要であることを指摘している。本研究の結果から、メンター自身にとって、つらかった経験が、当事者支援としてのメンター活動という場において、他の親からの共感や肯定的なフィードバックを積み重ねることで「経験的知識」として価値づけられていく可能性が示された。

　しかし一方で語りによる体験の振り返りは、【語りへの抵抗】のフラッシュバックにもつながる可能性も示唆された。表 1 では否定的な側面に陥りやすい語りの内容として「家族の話題」「学校との連携」などが示された。これらは話題によってはつらかった経験を消化できていないうちに語ることで、傷つき体験となるリスクを示唆している。

　メンター活動として自己体験の語りを行う前に、各々のメンターにとってどのような場所・形式で、誰に対して、どんな内容を求められているのか、メンター自身にとって無理な内容でないか、情報の交換や共感性が得られやすい語りが可能か、などについて検討するとともに、プラスの感情を振り返りながら話すことやロールプレイの実施、理解や共感を得やすいように体験談の書き出しや検討を行う、などをメンターの研修に組み込むことも重要であろう。

　しかしながら、近年のメンター活動の実態によると研修内容として「語りの体験」が取り上げられ実施されている自治体はわずかであり（日本ペアレント・メンター研究会，2019）、今後の課題といえる。

　本研究は自由記述によって得られたデータによる質的分析研究であり、語りの内容、肯定的体験や否定的体験、体験の価値づけに関する詳細な分析、メンターの経験年数や年齢、子どもの障害種や年齢等の関連性については検討されていない。これらは今後の研究課題である。

〈文　献〉

相川章子（2010）障害福祉分野における循環的支援に関するモデル構築研究．大正大学大学院研究論文集, 34, 139-138.

Gray, D. E.（2001）Accommodation, resistance and transcendence: Three narratives of autism. Social Science & Medicine, 53, 1247-1257.

北海道発達支援推進協議会（2013）発達障がい児・者支援に関する調査結果報告書. http://www.pref.hokkaido.lg.jp/hf/shf/grp/04/shientyousa_houkokusyo2.pdf（2019-9-24 参照）

Huws, J. C., Jones, R. S. P., & Ingledew, D. K. (2001) Parents of children with autism using an email group: A grounded theory study. Journal of Health Psychology, 6, 569-584.

井上雅彦・吉川　徹・日詰正文他（2010）ペアレント・メンター入門講座　発達障害の子どもをもつ親が行なう親支援. 学苑社.

川喜田二郎（1967）発想法―創造性開発のために. 中公新書.

川喜田二郎（1970）続・発想法―KJ 法の展開と応用. 中公新書.

Midence, K. & O'Neill, M. (1999) The experience of parents in the diagnosis of autism: A pilot study. Autism, 3(3), 273-28.

Myers, B. J., Mackintosh, V. H., & Goin-Kochel, R. P. (2009) "My greatest joy and my greatest heart ache": Parents' own words on how having a child in the autism spectrum has affected their lives and their families'lives. Research in Autism Spectrum Disorders, 3, 670-684.

日本ペアレント・メンター研究会（2019）ペアレント・メンター養成と活動支援ガイドラインの作成に関する調査報告書. 平成 30 年度障害者総合福祉推進事業.

Tait, K., Fung, F., Hu, A. et al. (2016) Understanding Hong Kong Chinese families' experiences of an autism/ASD diagnosis. Journal of Autism and Developmental Disorders, 46, 1164-1183.

Takezawa, T., Haraguchi, H., Yoshikawa, T. et al. (2015) Development of a Parent Mentor Training Program in Japan. International Meeting for Autism Research, (Salt Lake City, USA), 167.

Waizbard-Bartov, E., Yehonatan-Schori, M., & Golan, O. (2019) Personal growth experiences of parents to children with autism spectrum disorder. Journal of autism and developmental disorders, 49(4), 1330-1341.

山根隆宏（2012）高機能広汎性発達障害児・者をもつ母親における子どもの障害の意味づけ―人生への意味づけと障害のとらえ方との関連. 発達心理学研究, 23(2), 145-157.

山根隆宏（2014）Benefit finding が発達障害児・者の母親の心理的ストレス反応に与える効果, 心理学研究, 85(4), 335-344.

Meaning of self-experience narratives for parent mentors

Masahiko Inoue（Tottori University Graduate School of Medical Science, Clinical Psychology）
Yasuyo Okuda（Tottori University Graduate School of Medical Science, Clinical Psychology）

Abstracts: Parent mentors are parents of children with developmental disabilities who are also counselors for parents with similar children. This study examined how mentors themselves perceived their parenting experiences in their life. Fifty-two parent mentors (51 had children who had been diagnosed as being on the autism spectrum disorders) participated in the survey. Mentors answered free-form items on a questionnaire about their positive and negative experiences along with their reasons for such responses. As a result, various categorical items, both positive and negative, emerged regarding the parents' mentor activities. In addition, it was shown that an experience may be evaluated as both positive and negative, depending on the listener, even for items in the same category. There were four factors that influenced the narrative of the experience: [sympathy from the listener] [interaction with the listener] [feeling of achievement] [resistance to narration]. We discuss the meaning of parent mentors talking about their experiences and their support for mentoring activities.

Key Words : parent mentors, narrative of self-experience, qualitative analysis

The Japanese Journal of Autistic Spectrum 2020, Vol.18-1, 21-29

資料

自閉症スペクトラム困り感尺度の信頼性・妥当性
——一般就労者を対象とした検討——

Validity of the autism spectrum disorder related support needs scale among workers

山内　星子（名古屋大学学生支援センター）
Hoshiko Yamauchi（*Center for Student Counseling, Nagoya University*）

佐藤　剛介（高知大学学生総合支援センター）
Kosuke Sato（*Center for General Student Support, Kochi University*）

■要旨：自閉症スペクトラム（ASD）者の就労には多くの困難や課題が指摘されているが、彼らの困りごとや課題の把握方法の確立は十分でない。本研究では、就労者を対象に、ASD 傾向に関連した困り感を測定する尺度の信頼性、妥当性を検証した。具体的には、高橋（2012）によって大学生を対象に開発された統合版困り感尺度に含まれる ASD に関連した困り感を測定する下位尺度を就労者に実施し、因子構造の確認、信頼性、妥当性の確認を行った。842 名のフルタイム就労者（女性＝ 426, 男性＝ 416）から得られたデータに対して探索的因子分析および確認的因子分析を行った結果、1 因子構造に対するデータの適合は良好であり、項目内容から「就労者 ASD 困り感」と名づけた。また、自閉症スペクトラム指数（AQ）、精神的健康度（K10）、孤独感（UCLA Loneliness Scale）との相関分析を行った結果、各尺度との相関関係が見いだされた。以上より、就労者 ASD 困り感尺度は就労者の ASD に関連した困り感の測定に使用可能であることが示された。

■キーワード：自閉症スペクトラム、困り感、一般就労者、精神的健康、孤独感

Ⅰ．問題の所在および目的

　2018 年に改正された障害者雇用促進法によって、発達障害者や精神障害者の雇用が法的に促進されることとなった。しかし、自閉症スペクトラム（以下、ASD）者の雇用には多くの課題が指摘されている。ASD 者の就労状況に関する研究をレビューした Hendricks（2010）は、ASD 者の半数以上が無職あるいは長期的な就労環境におらず、就労していたとしても就労上の困難を抱えているとしている。また、Taylor ら（2011）は、知的障害が併存しない ASD 者を追跡し、進学以外を選んだ者の中で就労している率は半数に満たず、全く社会参加がなかった者も少なくなかったことを報告している。この原因として Taylor らは、知的障害のない ASD 者を就労や社会的活動に結び付け、その持続を支えるような社会的仕組みの未熟さを指摘している。

　日本においては ASD 者の就業率に限定した調査は見当たらないが、発達障害全般については、高等教育卒業後の就職率が 29％しかなかったことが示されており（高橋，2014）、また、ASD 者の雇用は身体障害等の他の障害に比して少ないことも指摘されている（厚生労働省職業安定局，2017）。このことは、ASD 者の就労や定着の困難さを示すと同時に、企業における ASD 者の雇用経験の少なさも意味し、ASD 者の就職後の環境整備、困難が起きた場合の対処などについてのノウハウが不足していることは明らかである。

　特に、日本の状況について梅永（2014）は、雇用環境における社会的障壁の除去や環境調整にあたって、ASD 者にとって何が社会的障壁なのか、すなわち、就労中の ASD 者がどのようなことに困っているのかについての周囲の理解不足を指摘している。このことは、雇用者側が ASD のある就労者のために配慮や支援を提供しようとしても、その方向性が定められない現場が多いことを意味していると言えるだろう。

　一方、雇用される ASD 者側も、その障害特徴から、自分自身がどのようなことに困っているのかを周囲

に伝えることに困難を抱えている場合が多く（永吉，2017；吉田，2014）、そもそも相談の必要性を強く感じなかったり、これまでの対人関係上の傷つきから、相談、報告をためらうことも少なくない。ASDの障害特徴について理解のある同僚や上司が余裕をもって目を配れる状況は日本の雇用現場では少なく、また、お互いを理解するための話し合いにおいても、障害特徴やASD者の困りごとに関する予備知識がなければ、コミュニケーションはすれ違いがちになる。このような状況は、雇用者や周囲の就労者とASD者の溝を深め、ASD者の採用を敬遠する要因となったり、採用されても、度重なる離職を生み出す要因となる（Taylor et al., 2019; 梅永，2017）。

また、診断を受けていなくともASD傾向が高い者（以下、高ASD傾向者）においても同様の就労上の困難は存在していることが予測される。高ASD傾向者の就労に関する調査は国内外を概観してもほとんど見当たらないが、高ASD傾向者はASDと診断されている者と程度の差こそあれ、コミュニケーションの苦手さや自閉的特徴を有しているためである（Ingersoll, 2010）。さらに、高ASD傾向者では、確定診断がないがゆえに合理的配慮や、自身の特性についての理解を公に職場に求めることができず、むしろ問題が複雑化している可能性もあり得る。

これらのことから、自分の特性を伝えることやコミュニケーションに困難を抱えるASD者、高ASD傾向者が、就労上、どのような困り感をどの程度抱えているかを数値化し、周囲にわかりやすい形で示すことができる尺度は、双方の理解を促進しうる有用なツールとなり、就労環境の整備につながり得る。しかし、ASDの特徴に関連した就労上の困り感を測定する尺度は、著者らの知る限り存在しない。

ASD傾向を測定する尺度としては、これまで自閉症スペクトラム指数（AQ日本語版；若林他，2004）が広く用いられてきた。しかし、若林が指摘するように、AQのカットオフ値を超えた者の中には不適応感を訴えない者が60%近く含まれることを勘案すれば、AQによって就労者の困難の有無や支援の必要性を推定することは非常に困難と言える。合理的配慮や周囲の理解は、症状そのものではなく本人の主観的なニーズに基づいて行われるべきとされることからも、主観的な困り感を測定できる尺度の重要性は高い。

ASDに関連した主観的困り感を測定するために、唯一国内で使用されている尺度として高橋（2012）の統合版困り感尺度がある。この尺度は、大学生を

対象に、ASD傾向および注意欠如多動傾向（以下、ADHD）によって起こり得る本人の主観的な困り感を測定するための尺度として開発された。入学時スクリーニングや、大学適応支援の目的で利用されている。大学生を対象とした知見の報告は散見され、下位尺度であるASDに関連した困り感尺度は、ASD傾向のある学生の支援ニーズを把握する上で有効性が示されている（篠田他，2017；髙橋他，2017）ものの、この尺度を就労者に実施した研究は存在せず、就労者に対して実施可能かどうかは明らかでない。

そこで本研究は、統合版困り感尺度のうち、ASDに関連した困り感尺度が、就労者にも適応可能かどうかを検討する。統合版困り感尺度は3つの下位尺度から構成される。本研究では、ASDとその傾向のある就労者の困り感を測定するという目的に沿って、「対人的困り感」、「自閉的困り感」の2つの下位尺度を対象とする。具体的には、同尺度の構成概念妥当性の検証及び就労者における困り感の基礎的エビデンスデータの構築を行う。就労者を対象とした調査は本研究以前にはなく、構成概念妥当性の検証を行う必要があることから、仮説は以下の3つとした。

1. ASD傾向が高い者ほど、ASDに関連した困り感が高い。よって、ASD傾向と困り感の間には、中程度から強い相関関係が存在する。

2. ASDに関連した困り感が高い場合、精神的負荷が高まると考えられるため、困り感と精神的健康度との間には相関関係が存在する。

3. 日本人においてはASD傾向が高い者の孤独感と適応との間の関連が指摘されていることから（中西・石川，2014；別府，2014）、ASDに関連した困り感についても、孤独感との間に中程度から強い正の相関が存在する。

また、第2の目的として、ASD傾向の高低による困り感、精神的健康、孤独感の差を検討し、就労者におけるASD傾向と困り感、適応について考察する。

II．方　法

1．調査協力者と手続き

調査協力者は（株）クロス・マーケティングのweb調査に任意で登録した20～60歳のフルタイム就労者（正社員、派遣社員、契約社員）842名（女性＝426，男性＝416）であった（M_{age} = 39.58, SD_{age} = 10.52）。年代の内訳を表1に示す。調査は、2017

表1　回答者の年代の内訳

年代	N	%
20歳代	222	26.4
30歳代	218	25.9
40歳代	212	25.2
50歳代	179	21.3
60歳	11	1.3
合計	842	100.0

年11月の3日間にインターネット上で実施した。

2. 調査票の構成

(1)「対人的困り感」および「自閉的困り感」（統合版困り感尺度（高橋，2012）より抜粋）

高橋（2012）により開発された統合版困り感尺度23項目のうち、ASD特徴による困り感の測定を想定した「対人的困り感」5項目、「自閉的困り感」8項目を分析対象とした。「対人的困り感」は、対人場面での苦手さや不安、会話スキルのなさに起因する困り感を測定する。「自閉的困り感」は、社会性や言語コミュニケーションの問題、こだわり、感覚過敏、フラッシュバック、情緒面の問題に関連する困り感を測定する。なお、「対人的困り感」内に含まれていた大学生特有の状況を示した項目である「進級やクラス替えのときに新しい友達を作るのは苦手だ」および「グループ活動では居ごこちが悪くて困る」の2項目は分析から除外した。[注1]「困っていない（0）」～「困っている（3）」の4件法で、各項目の得点を単純合計した。得点が高いほど、困り感が高いことを意味する。

(2) 自閉症スペクトラム指数（Autism-spectrum Quotient: AQ）日本語版50項目（若林他，2004）

Baron-Cohenら（2001）によるAQの日本語版で、健常範囲の知能をもつ成人の自閉症傾向の4件法50項目で測定する。日本語版でも妥当性・信頼性が確認されている（若林他，2004）。下位尺度として「社会的スキル」10項目、「注意の切り替え」10項目、「細部への注意」10項目、「コミュニケーション」10項目、「想像力」10項目がある。「あてはまる（1）」～「あてはまらない（4）」の4件法で、「あてはまる」、「どちらかといえばあてはまる」を選択した場合に1点を与え、得点が高いほどASD傾向が高いことを示している。カットオフ値は33点とされている。

(3) K10日本語版（Kessler 10）（古川他，2003）

Kesslerら（2002）によって作成された精神的健康度を測定するための10項目の尺度であり、日本語版

は古川ら（2003）によって妥当性・信頼性が確認されている。過去30日間の心理的状態について「いつも（5）」～「全くない（1）」の5件法で得点が高いほど精神的健康度が低いことを示す。

(4) 改訂版UCLA孤独感尺度（工藤・西川，1983）

Russellら（1980）による孤独感を測定するための20項目の尺度である。日本語版は工藤・西川（1983）によって妥当性・信頼性が確認されている。「決してない（1）」～「常にある（4）」の4件法で回答を求め、高得点ほど孤独感が高いことを示す。

(5) デモグラフィック変数

性別、年齢、就業中の業種[注2]についてたずねた。

3. 倫理的配慮

調査は名古屋大学学生相談総合センター（現・学生支援センター）の研究倫理審査委員会の承認を得て実施された。また、統合版困り感尺度の下位尺度の使用、項目削除については原著者の許諾を得た。

Ⅲ. 結　果

1. 記述統計量

AQ、K10、孤独感の記述統計を表2に示す。AQのカットオフポイントを超えたのは、842名中44名（女性＝17名、男性＝27名）であり、全体の5.2%（女性＝4.0%、男性＝6.5%）であった。

2. 困り感尺度の因子分析および信頼性、記述統計量

11項目について探索的因子分析（最尤法、プロ

注1) 大学生特有の内容を含んだ2項目の調査は実施しており、それらを含んだ場合も1因子にまとまった（因子負荷量は.691、.662）。信頼性係数は a = .92であり、2項目を除いた場合と同じ値であった。また、他尺度との相関係数はそれぞれAQ.51；社会的スキル.38；注意の切り替え.33；細部への注意.02；コミュニケーション.45；想像力.37；K10.64；孤独感.52であり、2項目を除いた場合と同様の結果であった。項目を削除した理由としては「進学やクラス替えのときに新しい友人を作るのは苦手だ」は、回答者が過去の状況を思い出して回答している可能性があり、就労者の現状の困り感ではないので削除した。「グループ活動では居ごこちが悪くて困る」は、就労者も何らかのグループ活動に参加する場合も考えられるが、就労におけるどのような活動を指すのかが明確ではないため削除した。なお、調査協力者の属性背景が異なるため、既存の尺度項目の一部を使用しないといった手続きは、既存尺度の信頼性や妥当性を検証する際に採用されることがある（谷，2008；藤南他；1995）。

注2) 教育、研究、開発、営業、ICT、サービス、販売、物流・運輸、製造、医療・福祉・介護、農業・林業・漁業、事務、建築・土木、金融、調査・広告・宣伝、出版・マスコミ、芸術、その他。

表2　AQ、K10、孤独感尺度の平均値および標準偏差

尺度	M	SD
AQ（0–50）	23.32	6.04
社会的スキル（0–10）	5.38	2.40
注意の切り替え（0–10）	5.00	1.83
細部への注意（0–10）	4.45	1.90
コミュニケーション（0–10）	4.25	2.10
想像力（0–10）	4.69	1.83
K10（0–40）	12.24	9.68
孤独感（20–80）	49.19	9.21

注．M = Mean、SD = Standard Deviation、AQ = Autism Quotient、K10 = Kessler 10、カッコ内に得点範囲を示す。

表3　ASD傾向による困り感の項目に対する因子分析結果（最尤法、プロマックス回転後の因子パターン）、信頼性係数、尺度得点の平均値および標準偏差

項目	負荷量
他のひとたちのように、うまく会話ができない。	.82
孤立していると感じる。	.79
暗黙のルールがわからなくて困ることがある。	.78
「自分は普通の人と違う」と感じて困っている。	.77
他の人がどんなことを考えているのか想像することが苦手だ。	.77
他の人たちからは自分は場違いなことばかりしていると見られていると思う。	.76
過去の経験が現在起こっていることのようによみがえり，気持ちが不安定になることがある。	.73
友達が少ないことが気になっている。	.68
とても嫌いな特定の音や匂いや肌ざわりなどがあって、困ることがある。	.67
気分の波が激しくて、困っている。	.63
生活のリズムを乱されるのは苦痛だ。	.46
α係数	.92
M（SD）	10.65（7.42）

注．M = Mean、SD = Standard Deviation

マックス回転）を行った。固有値の減衰状況（6.18, .88, .64, .61, .53……）から、1因子解を採用した。各項目の負荷量を表3に示す。α係数は.92と十分な値を示していた。大学生では2因子として扱われていたASD傾向に関連した「自閉的困り感」と「対人的困り感」が1つの因子にまとまり、「就労者ASD困り感」と名づけた。項目内容は「他のひとたちのように、うまく会話ができない」、「孤立していると感じる」などの対人面と、「とても嫌いな特定の音やにおいや肌触りなどがあって、困ることがある」という感覚過敏、「過去の経験が現在起こっていることのようによみがえり、気持ちが不安定になることがある」といったフラッシュバックについての項目など、広くASD者や高ASD傾向者が経験する日常での困り感の項目が含まれた。項目の単純合計を尺度得点とし、得点の平均値と標準偏差を表3に示した。次に、1因

子を潜在変数とし、全ての項目にパスを引いた1因子モデルを想定して確認的因子分析を行ったところ、パス係数は全て有意であり（$p < .001$）、適合度は$\chi^2 = 148.866$（$df = 39, p < .001$）、GFI = .970、AGFI = .949、CFI = .978、RMSEA = .058となり、データに対する因子構造のあてはまりに問題はなかった。したがって、一般就労者に対しては、1因子構造が妥当と確認された。

3.　構成概念妥当性の検討

構成概念妥当性を検討するため「就労者ASD困り感」とAQ、K10、孤独感の相関係数を算出した（表4）。その結果、「就労者ASD困り感」とAQ合計点および「細部への注意」を除くAQの各下位尺度との間には、中程度の相関関係が示された。就労者のASD特徴による主観的困り感を測定するという目的

表 4　「ASD 困り感」と、AQ、K10、
孤独感との相関

	ASD 困り感
AQ 合計	.494*
社会的スキル	.333*
注意の切り替え	.325*
細部への注意	.048
コミュニケーション	.450*
想像力	.345*
K10	.672*
孤独感	.490*

注.　* *p* < .01、AQ = Autism Quotient、
K10 = Kessler 10

表 5　AQ 高群、低群別就労者 ASD 困り感得点の分布と
割合

ASD困り感得点	AQ 高群		AQ 低群	
	N	%	*N*	%
0	0	100.0	62	100.0
1	0	100.0	44	92.2
2	0	100.0	29	86.7
3	0	100.0	44	83.1
4	0	100.0	34	77.6
5	0	100.0	41	73.3
6	1	100.0	33	68.2
7	2	97.7	25	64.0
8	0	93.2	28	60.9
9	1	93.2	33	57.4
10	1	90.9	35	53.3
11	2	88.6	84	48.9
12	2	84.1	29	38.3
13	3	79.5	24	34.7
14	1	72.7	31	31.7
15	3	70.5	24	27.8
16	1	63.6	31	24.8
17	3	61.4	36	20.9
18	3	54.5	30	16.4
19	2	47.7	18	12.7
20	1	43.2	14	10.4
21	1	40.9	15	8.6
22	1	38.6	21	6.8
23	5	36.4	6	4.1
24	2	25.0	8	3.4
25	2	20.5	5	2.4
26	0	15.9	0	1.8
27	1	15.9	1	1.8
28	2	13.6	2	1.6
29	1	9.1	0	1.4
30	0	6.8	1	1.4
31	1	6.8	1	1.3
32	0	4.5	1	1.1
33	2	4.5	8	1.0
合計	44	100.0	798	100.0

に照らせば、「細部への注意」を除く、ASD 特徴の多くの面に関する困り感の測定が可能と考えられる。

　また、「就労者 ASD 困り感」と K10、孤独感との間には中程度の相関関係が見出された（表 4）。ASD 者においては孤独感と負の感情が関連しないという米国の報告もあるが（White et al., 2009）、ASD の特徴の 1 つにコミュニケーションの障害があり、孤独感を感じやすいとされること（Han et al., 2019; White & Roberson-Nay, 2009）、日本人サンプルにおける ASD 傾向と孤独感および適応との有意な関連（中西・石川，2014）など、複数の報告と矛盾しない。

4.　AQ 高群と低群における就労者 ASD 困り感得点分布および群間差

　AQ のカットオフ値を超えた群を AQ 高群（n = 44）、それ以外を AQ 低群（n = 798）とし、それぞれの就労者 ASD 困り感得点の分布を表 5 に示した。AQ 高群では、困り感得点が 11 点以上に 9 割近くが含まれるのに対し、AQ 低群では 11 点以上は半数以下であった。続いて、困り感、精神的健康度、孤独感について、AQ 高群と低群間での t 検定を行った結果、全ての変数で群間に有意な差が認められ、AQ 高群は AQ 低群に比べて「就労者 ASD 困り感」が高く、精神的健康度が低く、孤独感が高かった。その結果を表 6 に示す。

5.　性別および業種による尺度得点の差

　性差については「就労者 ASD 困り感」と AQ の両方で男性のほうが高かった（それぞれ、$t(840)$ = 4.35, p < .01, r = .15; $t(840)$ = 4.45, p < .01, r = .15）。また、業種による困り感の差を検討するために分散分析を行った。この分析においては回答者が 20 名未満の業種（「ICT」17 名、「農業・林業・漁業」10 名、「出版・マスコミ」8 名、「調査・広告・宣伝」8 名、「芸術」4 名）およびその他（113 名）を除外し、682 名を対象とした。その結果、業種の主効果が有意であった（$F(11\ 670)$ = 2.55, p < .05, η^2 = .04）が、Tukey の HSD 法による多重比較では業種間に有意な差は認められなかった。

表6　ASD 困り感、K10、孤独感の AQ 高群・低群間の差の検定

	AQ 高群 （n = 45）		AQ 低群 （n = 798）		t 値	df	r
	M	SD	M	SD			
就労者 ASD 困り感	18.80	7.06	10.19	7.18	− 7.74 *	840	.26
K10	19.20	11.22	11.85	9.45	− 4.97 *	840	.17
孤独感	61.34	10.69	48.52	8.65	− 7.81 *	46.16	.75

注. * $p < .05$、M = Mean、SD = Standard Deviation、AQ = Autism Quotient、K10 = Kessler 10

Ⅳ．考　察

　本研究の第 1 の目的は、一般就労者における ASD 傾向に関連した困り感を測定する尺度の信頼性、妥当性を確認することであった。因子分析の結果、就労者では、大学生サンプルにおいて抽出されていた「対人的困り感」と「自閉的困り感」の 2 因子ではなく、ASD の特徴に関連した 11 項目が「ASD 就労者困り感」1 因子としてまとまり、十分な信頼性係数が確認された。就労者においては、大学生よりも対人関係面における困り感と、感覚過敏やフラッシュバックなど、自閉的な特徴による困り感が独立のものではなく、混在して捉えられている可能性がうかがえる。また、「就労者 ASD 困り感」と AQ、精神的健康、孤独感との相関関係が示され、同尺度の妥当性も併せて確認された。

　しかし一方で、AQ の下位尺度である「細部への注意」と「就労者 ASD 困り感」の関連は示されなかった。「細部への注意」は、ASD 特徴の中で、こだわりに関連した項目によって構成される。「就労者 ASD 困り感」は、ASD 特徴のうち、社会的コミュニケーションや対人関係面にフォーカスした困り感を反映している可能性があるが、こだわりは、DSM-5（American Psychiatric Association, 2013）においても ASD の中核的症状として位置づけられており、こだわり症状に関連した困り感の測定が可能な尺度の開発は今後の課題といえる。

　就労者 ASD 困り感尺度は、3 つの点で応用可能性がある。まず 1 つめは、個々の就労者の状況の把握が容易になる可能性である。Hendricks（2010）は、ASD 者の就労が他の障害よりも困難度が高いのは、診断名が同じであっても、診断基準のどの特徴が特に強いかということは個人によって大きく異なり、一人一人が非常にユニークであるためだと指摘している。したがって、就労の場において、どの程度 ASD 症状によって困難に直面しているのかを定量的に把握でき

る就労者 ASD 困り感尺度の応用可能性は高く、こうしたアセスメントツールを用い、個々に合わせた就労上の不適応の予防や適応の向上に資することができ得る。

　2 つめは、上司とのコミュニケーションツールとしての利用可能性が挙げられる。ASD 者の職場への定着率は低く（Taylor et al., 2015）、その原因の一つとして指摘されているのが周囲とのミスコミュニケーションである（Lorenz et al., 2015; Scott et al., 2015）。そこには、ASD 者が自分自身の状況や特徴を伝えることが苦手である点も含まれる。したがって、就業計画や事業の進捗状況を確認する際、またそれに伴い合理的配慮提供が必要になる場合などにもこうしたアセスメントツールは役に立ち得る（高橋他, 2017）。

　そして、3 つめに、ASD 者や高 ASD 傾向者と共に働く同僚に対しての啓発になり得る。Muller ら（2003）は、ASD 者の雇用継続や環境整備における ASD に関する啓発の重要性を指摘しているが、日本の就労環境で啓発プログラムをすぐに導入することは困難であることから、こうしたアセスメントツールで簡便に就労者の ASD 困り感の把握を行い、対処や合理的配慮を進めることができれば、ASD 就労者の理解が促進されるという間接的利点が産まれることも想定できる。

　また、本研究の第 2 の目的は、ASD 傾向の高低による困り感、精神的健康度、孤独感の差異を検討することであった。分析の結果、AQ がカットオフ以上の群では、それ以外の群よりも大幅に就労者 ASD 困り感が高く、精神的健康度が低く、孤独感は高かった。これまで国内において ASD 傾向と精神的健康、孤独感との関連を検討した量的データはその大部分が大学生に限られ、就労者の実態を調査したものはほとんど見当たらない。本研究は、就労者の ASD 傾向と心理的不適応との関連を示す、重要な知見である。

　なお、業種による困り感の有意な差は見いだされなかった。これは、本研究における業種分類が、ASD 者の得意不得意と関連する細かな就労状況（例、内勤・外勤、固定メンバー、変化が求められるか）を反

映していなかったため、困り感の差を検出できなかった可能性がある。海外では、ASD 者に特化した雇用と通常の雇用では、ASD 者が障壁と感じていることの種類に差異があることが多く指摘されていることから（e.g., Lorenz et al., 2016）、細かな雇用状況と ASD 傾向の高さ、ASD 傾向の中でどの要素が強いのかなど、ASD に関連した個々の状態と就労環境の相互作用メカニズムを検討していく必要があるだろう。

　本研究の限界として以下の 2 点が挙げられる。本研究では、ASD の診断のある就労者ではなく、一般就労者を対象としたデータによって尺度の信頼性および妥当性を検討した。本研究で採用した AQ のカットオフ値は、自閉症スペクトラム上において障害レベルとして診断する場合の手がかりとなる（若林他, 2004）が、本研究によって実際に診断のある ASD 就労者の実態が明らかにされたわけではない。したがって、就労者 ASD 困り感尺度を臨床群にそのまま適用できるかは不明であることは付言する必要がある。

　また、本研究では、大学生向けに作成された項目を用いて一般就労者への適用可能性を検討したが、就労環境における固有の困りごとが存在する可能性があり、就労者へのインタビュー等をもとに項目を追加することも今後の課題と言える。先述の ASD 特徴のこだわりや、手先の不器用さなどの困り感項目の不足や文末の不統一などを解消すべく、引き続き検討を行う必要がある。

　なお、本尺度を使用する際の注意点として、大学生版の統合版困り感尺度とは異なり、ADHD による困り感は測定できないこと、ASD についても 13 項目から 11 項目に変更になっており、合計得点を単純比較できないことなどに注意が必要である。

付記：本研究は JSPS 科研費若手研究 B（17K13935）、挑戦的萌芽研究（16K13458）の助成を受けて行われた。

謝辞：統合版困り感尺度の原著者である信州大学高橋智音先生には、尺度の一部使用、改変を快くご許可いただきました。心より感謝申し上げます。

〈文　献〉

American Psychiatric Association（2013）Diagnostic and Statistical Manual of Mental Disorders 5th Edition, Text Revision: DSM-5. American Psychic Association.（高橋三郎・大野　裕監訳（2014）. DSM-5 精神疾患の診断・統計マニュアル. 医学書院.）

Baron-Cohen, S., Wheelwright, S., Skinner, R. et al.（2001）The autism-spectrum quotient（AQ）: Evidence from asperger syndrome/high-functioning autism, malesand females, scientists and mathematicians. Journal of autism and developmental disorders, 31(1), 5-17.

別府　哲（2014）自閉症スペクトラムの機能関連、発達関連による理解と支援―他者の心の理解に焦点をあてて. 障害者問題研究, 42, 91-99.

古川壽亮・大野　裕・宇田英典他（2003）一般人口中の精神疾患の簡便なスクリーニングに関する研究. 平成 14 年度厚生労働省科学研究費補助金　心の健康問題と対策基盤の実態に冠する研究　研究協力報告書.

Han, G. T., Tomarken, A. J. & Gotham, K. O.（2019）Social and nonsocial reward moderate the relation between autism symptoms and loneliness in adults with ASD, depression, and controls. Autism Research, 12, 884-896.

Hendricks, D.（2010）Employment and adults with autism spectrum disorders: Challenges and strategies for success. Journal of Vocational Rehabilitation, 32(2), 125-134.

Ingersoll, B.（2010）Broader autism phenotype and nonverbal sensitivity: Evidence for an association in general population. Journal of Developmental Disorders, 40, 590-598.

Kessler, R. C., Adler, L., Barkley, R. et al.（2006）The prevalence and correlates of adult ADHD in the United States: Results from the national comorbidity survey replication. American Journal of Psychiatry, 163, 716-723.

厚生労働省職業安定局（2017）障害者雇用の現状等（平成 29 年 9 月 20 日）https://www.mhlw.go.jp/file/05-Shingikai-11601000-Shokugyouanteikyoku-Soumuka/0000178930.pdf

工藤　力・西川正之（1983）孤独感に関する研究（I）. 実験社会心理学研究, 22(2), 99-108.

Lorenz, T., Frischling, C., Cuadros, R. & Heinitz, K.（2016）Autism and overcoming job barriers: Comparing job-related barriers and possible solutions in and outside of autism-specific employment. PloS ONE, 11(1): e0147040.

Muller, E., Schuler, A., Burton, B. A. et al.（2003）

Meeting the vocational support needs of individuals with asperger syndrome and other autism spectrum disabilities. Journal of Vocational Rehabilitation, 18(3), 163-175.

永吉美砂子（2017）発達障害者の就労支援．The Japanese Journal of Rehabilitation Medicine, 54(4), 279-282.

中西　陽・石川信一（2014）自閉的特徴を強く示す中学生の社会的スキルと学校適応．心理臨床科学，4(1), 3-11.

Russell, D., Peplau, L. A. & Cutrona, C. E.（1980）The revised UCLA loneliness scale: Concurrent and discrinlinant validity evidence. Journal of Personality and Social Psychology, 39, 472-480.

Scott, M., Falkmer, M., Girdler, S. et al.（2015）Viewpoints on factors for successful employment for adults with Autism Spectrum Disorder, PloS ONE, 10(10), e0139281.

篠田晴男・中茎里実・篠田直子他（2017）大学生の発達障害関連支援ニーズと修学上の移行スキル支援．立正大学篠心理学研究中所紀要, 15, 7-17.

高橋亜希子（2014）発達障害のある人が当たり前に社会参加していくために―大学生から社会人への移行支援．臨床心理学, 14(5), 660-666.

高橋知音（2012）発達障害のある大学生のキャンパスライフサポートブック―大学・本人・家族にできること．学研教育出版．

高橋知音・金子　稔・山﨑　勇他（2017）ASD 関連困り感尺度の妥当性の検討―診断の有無による得点の比較．CAMPUS HEALTH, 54(2), 204-210.

谷　伊織（2008）バランス型社会的望ましさ反応尺度日本語版（BIDR-J）の作成と信頼性・妥当性の検討．パーソナリティ研究, 17(1), 18-28.

Taylor, J. L. & Seltzer, M. M.（2012）Developing a vocational index for adults with autism spectrum disorders. Journal of Autism and Developmental Disorders, 42, 2669-2679.

Taylor, J. L., Smith DaWalt, L., Marvin, A. R. et al.（2019）Sex differences in employment and supports for adults with autism spectrum disorder. Autism, 23(7), 1711-1719.

藤南佳代・園田明人・大野　裕（1995）主観的健康感尺度（SUBI）日本語版の作成と，信頼性，妥当性の検討．健康心理学研究, 8(2), 12-19.

梅永雄二（2014）発達障害者の就労支援．LD 研究, 23(4), 385-391.

梅永雄二（2017）発達障害者の就労上の困難性と具体的対策―ASD 者を中心に．日本労働研究雑誌, 685, 57-68.

Vasa, R. A., Hagopian, L. & Kalb, L.G.（2019）Investigating mental health crisis in youth with autism spectrum disorder. Autism Research, 112-121.

若林明雄・東條吉邦, Baron-Cohen, S., Wheelwright, S.（2004）自閉症スペクトラム指数（AQ）日本語版の標準化．心理学研究, 75, 78-84.

White, S. W. & Roberson-Nay, R.（2009）Anxiety, social deficits, and loneliness in youth with autism spectrum disorders. Journal of autism and developmental disorders, 39(7), 1006-1013.

吉田友子（2014）自己理解支援と障害受容．臨床心理学, 14(5), 640-645.

Validity of the autism spectrum disorder related support needs scale among workers

Hoshiko Yamauchi（Center for Student Counseling, Nagoya University）

Kosuke Sato（Center for General Student Support, Kochi University）

Abstracts: The difficulties and challenges faced by spectrum disorders are well known. However, there are no effective instruments to assess the problems of workers with autism. This study examined the factor structure, reliability, and validity of the Autism Spectrum Disorder（ASD）Related Support Needs Scale（Takahashi, 2012）among workers. The results of exploratory and confirmatory factor analyses of the responses made by 842 workers（F = 426, M = 416）identified a one-factor structure, which was named, "worker's ASD related support needs." Moreover, this subscale had adequate reliability. Furthermore, there were significant correlations between worker's ASD related support needs and autism spectrum tendency（AQ）, psychological well-being（K10）, and loneliness（UCLA Loneliness）, indicative of the validity of the scale. It is concluded that the ASD Related Support Needs Scale is applicable for assessing ASD-related support needs of workers.

Key Words : autism spectrum disorder, the sense of difficulty, general workers, mental health, loneliness

The Japanese Journal of Autistic Spectrum 2020, Vol.18-1, 31-35

実践報告

自閉症児の散髪に対する高確率・指示順序手続きの試み

Case study of haircutting to an autistic child using high-probability request sequences

伊藤 久志（アイズサポート）

Hisashi Ito（*I's Support*）

■要旨：本研究は、以前は自宅で美容師による散髪を受け容れていたが、散髪を逃避・回避するようになった自閉症児に対して、再び散髪できるように介入を実施した事例の報告である。高確率・指示順序手続きを中心とした介入の結果、2週間に1度の短時間の散髪ができるようになり、その後自宅での美容師による散髪も可能となった。

■キーワード：自閉症、散髪、高確率・指示順序手続き

Ⅰ．はじめに

　ヘルスプロモーションとは、WHO（世界保健機関）が1986年のオタワ憲章で提唱し、2005年のバンコク憲章で再提唱した新しい健康観に基づく21世紀の健康戦略で、「人々が自らの健康とその決定要因をコントロールし、改善することができるようにするプロセス」と定義されている。知的障害／発達障害児・者においても、医療受診・衛生・運動・食事・睡眠などのヘルスプロモーションにおける問題に対して行動療法に基づき問題解決していく試みが実施されてきている（Luiselli, 2016）。

　しかし、知的障害／発達障害児・者においては、健康であろうとするがゆえに問題が起きてくる場合が多いと思われる。それは、障害特性が健康のために実行する活動の阻害要因になっているためである。知的障害／発達障害児・者が過敏性などの感覚の問題を伴うルーティンを実施することを逃避・回避する場合が多く（Mattson et al., 2016）、DeLeonら（2008）はそのような場合に感覚適応を促進する際、系統的に嫌悪対象に慣れさせていく段階的アプローチを用いること、訓練中に好きな刺激を提供し続けること、スローな経過を想定すること、などを提案している。逃避・回避を機能とする行動に対する介入において、標的行動には大きく分けて、適切な拒否とルーティンの実行の2つの方向性がある。ルーティンの実行を選択する場合、標的行動は指示従事となる。そのような感覚の問題を伴うルーティンの中には、偏食の改善、爪

切り、散髪、歯磨き、耳かき、歯科治療、眼鏡／靴中敷き／補聴器の装着、注射などがあり、衛生や医療に関わるルーティンが含まれ、日常的なルーティンでないものも多いが、避けて通れない場合が多い。このようなヘルスプロモーションにおける衛生ルーティン（Mattson et al., 2016）や医療ルーティン（Allen & Sevlever, 2016）に関する問題に対して介入研究が実施されてきている。

　次に、これらの感覚の問題を伴う逃避・回避を機能とする行動に対する介入の研究に関しては、嫌がる場面や刺激に対して、逃避・回避させないことで逃避・回避行動を低減させていく介入である逃避消去手続きを実施しがちである。しかし、逃避消去は消去抵抗に伴うバーストなどの危険や倫理的問題を伴う手続きであることから、逃避消去に替わる安全な介入オプションを模索することを軸に研究が進められている（Dowdy et al., 2018）。このような動向の中で、高確率・指示順序手続きを適用する試みがある。高確率・指示順序手続き（High-Probability Request Sequences）とは、低確率でしか遂行できない課題の直前に、高確率で遂行することができて強化される課題を数試行連続で実施する手続きである。ある反応が高確率で強化されることにより時間あたりの強化率が上昇し、後続する同じ反応クラスの反応の遂行や獲得が促進されることが指摘されている（武藤, 2004）。高確率・指示順序手続きは、これまで医療ルーティン（McComas et al., 1998; Riviere et al., 2011）や偏食の改善（Meier & Fryling, 2012）に適用されてきた。

　McComasら（1998）は、操作交替デザインを用い

て、幼児の医療手続きへの指示従事に対する高確率・指示順序手続きの効果を検討した。高確率指示に続く低確率指示に対する指示従事が多く生起した。この手続きはさまざまな行動形態で有効な可能性があることを示している。Riviere ら（2011）は、医療検査課題への指示従事を増加させるための手段として高確率・指示順序手続きの効果を ABABCB' デザインを用いて検討した。対象児は一般的な医療検査中に指示に従事することが困難な自閉症児であった。高確率・指示順序手続きを含めることによって、医療検査課題への指示従事が増した。加えて、手続きは保護者・医療専門家によって実施でき、嫌悪的手続きを含まなかった。Meier & Fryling（2012）は、多層ベースラインデザインと反転デザインを混合したデザインを用いて、特定の食べ物を拒否する自閉症児において、好みの食べ物の3回提示を用いて高確率・指示順序手続きの効果を検討した。高確率・指示順序手続きによって3つの食べ物の受け入れが増加した。そして、2つの食べ物に対しての介入を系統的にフェーディングした。

感覚の問題を伴うルーティンの中でも、散髪を実施することには困難を伴うことが多い。自閉症児の散髪に関する系統的な研究は、Schumacher & Rapp（2011）のみである。この研究では、基準変更デザインを用いて、散髪中に着座して指示に従っているのに随伴して好きな感覚アイテムをあげたり着座から逃避させたりすることの効果を検討した。結果では、子どもの逃避反応をなくし、母親が通常の散髪をできるくらい着座時間が増えた。フォローアップ・セッションでは、散髪中の指示に従うことの改善が2カ月以上継続した。しかし、この介入は、事前に散髪中に短時間でも着座できることが前提であり、ハサミを見た途端、全く切らせず力ずくで逃避するような著しく散髪を嫌がる者に対しては適用が困難だと思われる。

自閉症児・者の散髪に対して、高確率・指示順序手続きを適用した研究は見られない。しかし、高確率・指示順序手続きを適用することは有用な可能性がある。本研究では、以前は自宅で美容師による散髪を受け容れていたが、散髪を逃避・回避するようになった自閉症児に対して、高確率・指示順序手続きを中心とした介入を実施することで、2週間に一度の短時間の散髪ができるようになり、その後自宅での美容師による散髪が再び可能となった事例を報告する。

Ⅱ．方　法

1．対象児

特別支援学校に通う自閉症と診断された8歳の男児である。3歳時に自閉症と診断され、通園施設に通い始める。6歳から特別支援学校に通い始めた。6歳時の乳幼児発達スケール（KIDS）のDQは30であった。本実践時（9歳）は、2語文での要求、平仮名の読み書き、数の基本概念、ローマ字タイピングが可能であった。こだわりが多く、次の行動に移行せずに固まっている症状を示す時期もあった。

2．対象児を取り巻く指導体制

特別支援学校に通い、下校後は放課後等デイサービスに通う日が多い。5歳時より筆者が運営する行動療法に基づく療育サービスを月2回の頻度で受けていた。本実践時に実施していた他の標的行動としては、作業（ひも結び）、算数（足し算・引き算）、書字（単語）、本読み（質問応答）、運動（縄跳び）などがあった。

特別支援学校とデイサービスと筆者との間で特に連携は見られなかった。また、母親の知り合いの美容師との連携も見られなかった。

3．使用した物とセッティング

筆者が運営する療育施設の床に敷物を敷き、その上に椅子を置いた。プロ仕様の散髪用ハサミを用いた。切る回数をあらかじめ視覚提示するためにボードを用い、そのボードに切る回数分の星印の駒を置いて、その駒を剥がせるようにした。

4．手続き

本実践に関して、ベースラインと介入は筆者との療育サービス時に実施されたので、月2回の頻度で（たいてい隔週1回）実施された。また、ハサミを扱う直接介入は保護者が実施した。筆者は保護者と子どもの対角に位置した。

（1）ベースライン測定と行動アセスメント

ベースラインでは強化子としてアイスを設定して保護者がハサミを扱って実施したが、一度も髪の毛をハサミで切ることができなかった。2年前から、保護者の知り合いの美容師に月1回の頻度で自宅でバリカンを用いて実施してもらっていた。当初は実施できていたが、半年前から突如、床に寝転び、実施できなく

なった。特に嫌がる部分は、側頭部と襟足であった。おそらく、バリカン使用時に髪が引っ張られる痛みが生じたために、それ以降、バリカンが提示されるだけで逃避行動が生じるようになったと思われる。そして、バリカンだけでなくハサミも提示すると逃避行動が生じるように自然になっていた。

　ベースライン時の機能的アセスメントとしては、散髪する環境（椅子・敷物・ハサミ）でハサミを髪に近づけると、手で頭を覆って頭を下げるなどの逃避行動が生じ、その結果、散髪せずに済むという流れがあった。また、「入った！」という声掛けがあると静止するパターンも見られた。上記の様子から、対象児が逃避することなく、また痛みや不快感なしで散髪を実施しきるための手続きが必要と考えた。

（2）介入手続き

　高確率・指示順序手続きは、表1に示すように高確率で遂行できる部位から切りはじめ、徐々に低確率の部位を切るという段階的な移行を実施した。段階の設定に関しては、まず自宅での様子の報告から、「前・頭頂部」と「側頭部」「襟足」の確率のちがいは明白であった。ベースライン時も、「前・頭頂部」に関しては「入った！」という声掛けがあると静止するパターンも見られたが、「側頭部」に関しては保護者が対象児を傍に位置しハサミを近づけると逃避行動が生起し、「側頭部」に関しては保護者が襟足を切るために対象児の背後に位置を移動すると、背後に回られないように対象児も移動するという逃避行動が見られた。上記の自宅とベースライン時の様子から、高確率・指示順序手続きの段階の設定を「前・頭頂部」⇒「側頭部」⇒「襟足」とした。

　ステップⅠでは、「前・頭頂部」のみを切る対象とした。ステップⅡでは、「前・頭頂部」を切った後に「側頭部」を切るようにした。ステップⅢでは、「前・頭頂部」「側頭部」ともに数度ずつ切った後に「襟足」を切るようにした。部位の移行や中断の基準に関しては、特に事前に決めなかった。

　保護者に対する切り方の指導として、ハサミを頭部に近づけた際、言語プロンプトとして「入った！」と言葉掛けし、対象児の体の動きをコントロールするように促した。そして、カットの綺麗さよりも切ること自体を優先するために、部位内の切りやすい位置の毛を少量でいいのでテンポ良く切るように伝えた。筆者は対象児の横に位置した。

　視覚支援として、切る回数を提示するためのボードを用いて、そのボードに切る回数分の星印の駒を置

表1　高確率・指示順序手続きの概要

ステップⅠ	「前・頭頂部」
ステップⅡ	「前・頭頂部」⇒「側頭部」
ステップⅢ	「前・頭頂部」⇒「側頭部」⇒「襟足」

き、切る度に星印の駒をボードから取り除くようにした。

　各セッションで散髪が終わったら、強化子（アイスなど）を提示した。

5．倫理的配慮

　本実践を開始するにあたり、対象児の保護者に対して口頭で介入手続きを説明し、同意を得た。本実践終了後に、保護者に成果公開の許可申請を行い、文書で同意を得た。

Ⅲ．結　果

　切った回数をデータとして測定した。前・頭頂部を切った回数、側頭部を切った回数、襟足を切った回数の3種類のデータを収集した。図1に切った部位と回数の推移を示した。セッション1からセッション3にかけて前・頭頂部を切る回数が徐々に増加した。そこで、セッション4からステップⅡに移行し、セッション4では前・頭頂部を1回切った後に側頭部を切ろうとすると逃避行動が生じ、切れなくなった。セッション5では、前・頭頂部を切ることができなかった。そこで、再度ステップⅠを実施することとし、手早く少量の毛を切ることを強調して保護者に伝えたところ、セッション8にかけて前・頭頂部を切る回数が増加した。そこで、再度ステップⅡに移行したところ、側頭部も切ることができるようになった。ステップⅡを7セッション実施した後に、セッション16からステップⅢに移行したところ、襟足も切ることができるようになった。

　この状態ではカットを整える適正な散髪には至ってないが、試みに知り合いの美容師による実施に再び移行したところ、美容師によって散髪が実施できるように至った。そして、1年後・3年後も美容師による散髪実施が維持されている。

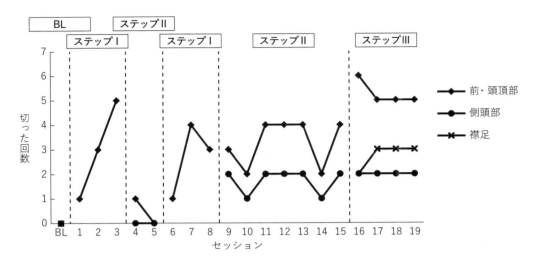

図1　対象児に対する散髪における切った部位と回数の推移

Ⅳ. 考 察

本実践では、以前は自宅で美容師による散髪を受け容れていたが、散髪を逃避・回避するようになった自閉症児に対して、高確率・指示順序手続きを中心とした介入を実施することで、月2回の短時間の散髪ができるようになり、その後自宅での美容師による散髪が可能となった。

高確率遂行部位と低確率遂行部位を特定し、高確率遂行部位を優先的に実施し、段階的に低確率遂行部位を混ぜていくことは、非常に有効な手段だと思われる。ただ、この手続きでは、散髪の出来具合よりも切る回数を優先するため、介入期間中は散切り頭状態で過ごすことになるため、保護者によっては手続きを受け容れがたい場合もあると思われる。

本実践は筆者がいる状況の中で実施することを優先したため、9カ月以上の長期に渡るものとなった。もっと頻回に実施し短期間で終結した方が良いのは自明であるが、切る回数や移行基準や中断条件が不明確な試みの段階において、筆者がその場で意思決定できる状況で実行できることを優先させた。今後、明確な基準が設定できれば、自宅で保護者のみで実施できる可能性は高くなると思われる。本実践の結果からわかったこととして、1回目のステップⅡで前・頭頂部を1回切った後に側頭部を切ろうとしたら逃避行動が生起した一方、2回目のステップⅡではたいてい前・頭頂部を3回以上切ってから側頭部を切るようにすることで逃避行動が生起しなかった。よって、高確率部位を1回のみ実行しただけで次の部位に移行するのは

不適切であることがわかった。

本実践ではセッション毎に介入が終了したら強化子を提供していた。しかし、介入中ずっと強化子を提供していたら、ハサミに対する恐怖や感覚過敏性を脱感作して介入を実施しやすかった可能性がある（DeLeon et al., 2008）。

本実践では適正な散髪には至ってないが、試みに知り合いの美容師による実施に再び移行したところ、本実践でできていた以上に遂行できた。本実践よりも美容師による散髪の方が遂行しやすい要因があったと思われる。例えば、美容師は器具をバリカンからハサミにしたので、その安定した手技によって遂行しやすくなった可能性が挙げられる。

最後に、散髪にかぎらず、ヘルスプロモーションにおける逃避・回避行動を伴いやすい分野は広範に及ぶ。今後も、より有効で使いやすい多様な介入手続きを検討していく必要がある。

謝辞：本実践の発表を快諾いただいた対象児のご家族に対して、感謝の意をここに記します。

〈文 献〉

Allen, K. D. & Kupzyk, S. (2016) Compliance with medical routines. In Luiselli, J. K. (Ed.) Behavioral Health Promotion and Intervention. Springer, pp.21-42.

Bishop, M. R., Kenzer, A. L., Coffman, C. M. et al. (2013) Using stimulus fading without escape extinction to increase compliance with toothbrushing in children with autism. Research in Autism Spectrum Disorders, 7(6), 680-686.

DeLeon, I. G., Hagopian, L. P., Rodriguez-Catter, V. et al. (2008) Increasing wearing of prescription glasses in individuals with mental retardation. Journal of Applied Behavior Analysis, 41(1), 137-142.

Dowdy, A., Tincani, M., Nipe, T. et al. (2018) Effects of reinforcement without extinction on increasing compliance with nail cutting: A systematic replication. Journal of Applied Behavior Analysis, 51(4), 924-930.

Luiselli, J. K. (Ed.)(2016) Behavioral Health Promotion and Intervention. Springer, Switzerland.

Mattson, J. M. G., Roth, M. & Sevlever, M. (2016) Personal hygiene. In Luiselli, J. K.(Ed.) Behavioral Health Promotion and Intervention. Springer, pp.43-72.

McComas, J. J., Wacker, D. P. & Cooper, L. J. (1998) Increasing compliance with medical procedure: Application of the high-probability request procedure to a toddler. Journal of Applied Behavior Analysis, 31, 287-290.

Meier, A. E. & Fryling, M.J. (2012) Using high-probability foods to increase the acceptance of low-probability foods. Journal of Applied Behavior Analysis, 45(1), 149-153.

武藤　崇 (2004)「注意」と行動的モメンタム（行威）―ADHD の支援方法への示唆 (2)．立命館人間科学研究, 7, 159-170.

O'Callaghan, P. M., Allen, K. D., Powell, S. et al. (2006) The efficacy of noncontingent escape for decreasing children's disruptive behavior during restorative dental treatment. Journal of Applied Behavior Analysis, 39(2), 161-171.

Riviere, V., Becquet, M., Peltret, E. et al. (2011) Increasing compliance with medical examination requests directed to children with autism: Effects of a high-probability request procedure. Journal of Applied Behavior Analysis, 44(1), 193-197.

Schumacher, B. I. & Rapp, J. T. (2011) Increasing compliance with haircuts in a child with autism. Behavioral Interventions, 26, 67-75.

The Japanese Journal of Autistic Spectrum 2020, Vol.18-1, 37-44

実践報告

生活介護事業所に通所している
重度知的障害を伴う ASD 者の就労支援
——TTAP を用いて——

Employment support for an ASD person with severe intellectual disorders attending a living care workplace: Using TTAP

柴田　祐樹（社会福祉法人　侑愛会　ワークセンターほくと）
Yuki Shibata（*Workcenter Hokuto, Social Welfare Service Corporation Yuaikai*）

山田　浩史（社会福祉法人　侑愛会　ワークセンターほくと）
Koji Yamada（*Workcenter Hokuto, Social Welfare Service Corporation Yuaikai*）

小黒　康廣（社会福祉法人　侑愛会　ワークセンターほくと）
Yasuhiro Oguro（*Workcenter Hokuto, Social Welfare Service Corporation Yuaikai*）

梅永　雄二（早稲田大学教育・総合科学学術院）
Yuji Umenaga（*Waseda University, Faculty of Education and Integrated Arts and Sciences*）

■要旨：本研究は、重度知的障害を伴う ASD（自閉スペクトラム症）者を対象に、TTAP（TEACCH Transition Assessment Profile）を活用し、一般企業での実習を通して、就労する（パートタイム雇用）ことを目的とした事例報告である。対象者に TTAP フォーマルアセスメントセクションを実施し、職場開拓、職場実習を行った。インフォーマルアセスメントセクションでは、実習初日及び最終日に CSAW（Community Site Assessment Worksheet）を記入することで、実習前後の自立度の相違を検証した。フォーマルアセスメントセクションから得られた情報から構造化された支援を行い、実際の本人の行動から支援を再構造化した結果、最終日にハードスキルとして職業スキルの項目はすべて合格になり、ソフトスキルも半分以上が合格になった。また、企業から求められた以上の速度によって対象者が業務をこなしたことにより、役に立ったという評価を受けた。以上のことから重度知的障害を伴う ASD 者への TTAP を活用した支援の有効性について考察した。

■キーワード：ASD、知的障害、生活介護、就労、TTAP

Ⅰ．問題の所在と目的

　重度障害者は福祉的就労である就労移行支援や就労継続支援にも結び付かず、生活介護事業に結び付くことが多い（日本知的障害者福祉協会，2016）。生活介護事業は創作的活動や生産活動を提供するものとされ（全国社会福祉協議会，2015）、障害者総合支援法になってもこの点は変わっておらず、就労を目指していくことは少ない。

　アメリカのノースカロライナ州の TEACCH Autism Program では、ASD の就労者は年齢 18 歳から 56 歳までで、中軽度の知的障害から平均の下方に属する知的障害を伴う人たちが就労している（Mesibov et al., 2007）。今野・霜田（2006）によれば「"働くこと"はそれ自体が重要な社会参加であるとともに、経済的自立を達成するための手段であり、障害者の自立にとって不可欠な要素である。それは、障害者の QOL を根底から支える活動である」と述べている。このようなことから、生活介護事業を利用するよ

表1　TTAP フォーマルアセスメントセクション　3尺度の職業スキル一覧

直接観察尺度	家庭尺度	学校／事業所尺度
1. 分類作業	73. 作業台、台所、机上での簡単な工具の使用	145. 物の分類
2. 間違いの修正	74. 日常的に使う物の分類	146. 組み立ての手順を従う
3. 絵カードを用いた部品の収納	75. 掃除をする、または電気掃除機を使う	147. シンボルを合わせてファイルに入れる
4. 色カードのマッチング	76. 掃除用具の使用	148. 単純な機械や道具を使う
5. 数字カードの分類と束ね合わせ	77. 衣服を洗濯し乾かす	149. 大きさで見分ける
6. フィルムケースへのチップ詰め作業	78. 食器を洗って乾燥させる	150. 測る・量る
7. 旅行キットのパッケージング	79. 台所用品の使用	151. 物を収納する
8. 単語カードの配列	80. タオルたたみ	152. 作業場所を清潔にする
9. 定規での測定	81. ベッドメイキング	153. 食材などを適切な量を補充する
10. 番号による索引カードの収納	82. 食器洗い機を空にし、食器を取り出す	154. 棚から物を取り出すのにリストを使う
11. カップとスプーンによる計量	83. テーブルセット	155. 規格、タイマーに沿ってスイッチなどの装置を操作する
12. 名前の入力	84. 食事または料理の後片付け	156. 物を持ち上げて動かす

うな重度の障害者であっても、就労を目指していくことは障害者の QOL の向上に重要であると考えられる。

TEACCH Autism Program では就労移行のためのアセスメントとして TTAP（TEACCH Transition Assessment Profile）が開発されている。わが国では「自閉症スペクトラムの移行アセスメントプロフィール」と訳されている（梅永，2014）。TTAP は早期青年期に成人期への移行を計画し教育を開始するためのアセスメントである。TTAP はスキルの直接アセスメント（直接観察尺度）と、居住場面（家庭尺度）や学校／職業場面（学校／事業所尺度）で評価される。それぞれの尺度に6つの機能領域があり、それらは職業スキル、職業行動、自立機能、余暇スキル、機能的コミュニケーション、対人行動である。なお、職業スキルはハードスキル（表1）、職業行動以下はソフトスキルと呼ばれる。これらの領域は ASD の成人の生活と職業場面での成功の程度を左右する基本的領域を示している。

我が国において、TTAP を活用した事例としては、清水（2012a; 2012b; 2015），若松・玉林（2013）等、報告は限られたものである。TTAP は学校から成人生活への ITP（Individual Transition Plan：個別移行計画）における有効なアセスメントの一つであり、我が国における施設から就労への移行アセスメントとしても有効なツールだと考えられている（梅永，2010）。

そこで本研究は、生活介護事業所に在籍する重度知的障害を伴う ASD 者に TTAP を活用し、実習から就労につなげることを目的として支援を行うことにした。そして、生活介護事業所における重度知的障害を伴う ASD 者への TTAP 活用のあり方について考察することを目的とした。

Ⅱ．方　法

1．研究対象者

（1）基本情報

アキオ氏（仮名）は重度の知的障害を伴う ASD の40歳男性である。IQ は34（田中ビネー検査）である。障害支援区分は6であり、心身の状態に応じて必要とされる標準的な支援の度合が最も高いことを示されている。養護学校を卒業後、知的障害者更生施設に通所し、X−10年から生活介護事業所である事業所 S を利用している。

家庭ではゴミを収集し分別すること等をしている。事業所 S での行動観察では、以下のような特性・行動がある。

・絵と文字によって、簡単な指示が理解できる。

・音声言語による指示よりも絵等の視覚的指示による課題の方が達成度が高い。

・実演によって動作を模倣することができる。

・事業所内の何人かの特定の他者の所在にこだわり、提示された活動から逸脱する。

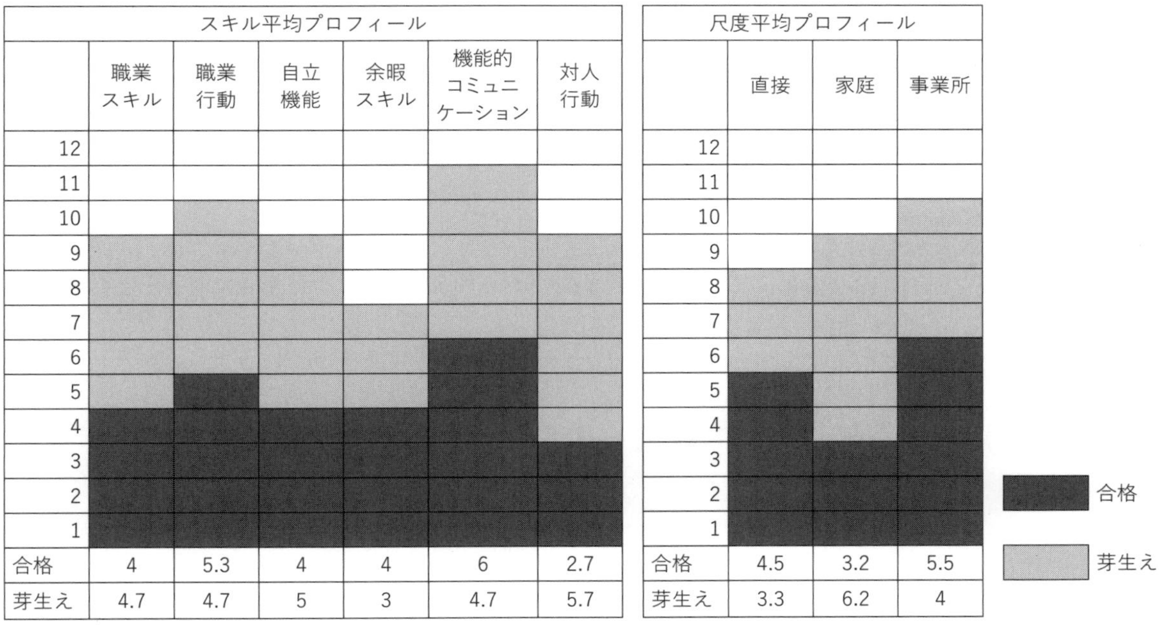

スキル平均プロフィール						
	職業スキル	職業行動	自立機能	余暇スキル	機能的コミュニケーション	対人行動
合格	4	5.3	4	4	6	2.7
芽生え	4.7	4.7	5	3	4.7	5.7

尺度平均プロフィール			
	直接	家庭	事業所
合格	4.5	3.2	5.5
芽生え	3.3	6.2	4

■ 合格　□ 芽生え

図1　TTAP フォーマルアセスメントセクション　スキル平均・尺度平均プロフィール

・音声言語が早口であり、抑揚のない話し方をするため、他者が聞き取りづらい。

・期待されている行動が理解できず、どうすればよいのかわからない場面では「できない」「無理」「ダメだ」と言い、諦めてしまうことが多い。

(2) TTAP フォーマルアセスメントセクション

図1にアキオ氏の検査の結果を記す。アキオ氏は分類や仕分け・見分ける項目（項目1, 4, 5, 74, 145, 149）に合格が多く、分類する仕事が得意であることが示唆された。また、アキオ氏は身長が高く、学校／事業所尺度の職業スキルの項目：物を持ち上げて動かす（項目156）が合格であることから倉庫などでの身体を動かす活動ができるのではないかと考えられた。

(3) 移行計画立案のための分析フォームの作成

表2のように作成した。移行計画立案のための分析フォームではフォーマルアセスメントセクションにおいて、留意が必要な特定のスキルには合格や芽生えのスキルをいくつかピックアップした。特に評価が芽生えであった項目は、今後指導を行う目標として注目した。不合格のスキル（身だしなみ）もあるが、これは多くの職場において求められると予測されたため、留意が必要な特定のスキルに含めた。指導目標には事業所Sで行っている下請け作業やリサイクル作業の時に活用できる（合格になっている）スキルを使う目標や芽生えのスキルが合格になるような目標を立

案した。これらは事業所SにおけるIEP（Individual Educational Plan；個別教育計画）として、事業所S内で習得するように支援した。関連目標では職場や外出先等で般化させることに焦点を当てて計画した。

事業所Sでの支援と並行し、TTAP フォーマルアセスメントの結果と移行計画立案のための分析フォームを基にリサイクル品分別の実習先の企業（以下、企業R）を開拓した。職場開拓後、アキオ氏が実習に行く前に支援員が実習を行った。

2. 手続き

実習先はTTAP フォーマルアセスメントセクションにより筆者らはアキオ氏がどの程度働けるのか、どのような仕事ならできるのか等イメージを持って実習先を探した。そして、現在獲得しているスキルを活用できると考えられた倉庫におけるリサイクル品分別の職場（企業R）を開拓した。

実習期間はX年12月から隔週土曜日に実施し、X＋1年2月後半から毎週土曜日に実習を行った。時間は午前10時から12時までの2時間、計13回実施した。

アキオ氏が実習を行う前に、事業所Sの支援員が企業Rにおいてどのような職務を行うのか体験し、作業内容の課題分析と企業Rにおいて求められるソフトスキルについてアセスメントを行った。支援体制は事業所Sから2名、他事業所から協力者として支

表2　移行計画立案のための分析フォーム（一部抜粋）

留意が必要な特定のスキル		目標	
		指導目標	関連目標
職業スキル	直：分類作業（P）・絵カードを用いた部品の収納（P） 事：物の分類（E）・物を持ち上げて動かす（E）・物を収納する（P）・大きさで見分ける（P）	・空き缶整理で適切に分類し、片付けることができる。 ・空き缶や資材の運搬ができる。	・リサイクル業の分別等の職場で作業ができる。
職業行動	直：必要な時に援助を求める（E） 家：必要な時援助を求める（P）	・空き缶が缶つぶし機につまったら、コミュニケーションカードで援助を求めることができる。	・職場で困った時にコミュニケーションカードを使って援助を求めることができる。
自立機能	直：手を洗う（F） 事：身だしなみ（F）	・手順書をつかって手洗いや身だしなみを整えることができる。	・外出先や職場で手洗いや身だしなみを整えることができる。
機能的コミュニケーション	家：基本的な要求を伝える（E） 事：基本的な身体上のニーズを伝える・禁止に応じる（E）	・活動に必要な物（ハサミ、空き缶等）をコミュニケーションカードで要求することができる。	・外出先や職場で物の不足や体調不調をカードで訴えられる。
対人行動	直：自ら適切な挨拶をする（E）	・挨拶する場面で、足型に立ち、携帯したカードの文字を読んで行う。	・職場の特定の上司に挨拶をカードを見ながら行うことができる。

直：直接観察尺度　家：家庭尺度　事：事業所尺度　P：合格　E：芽生え　F：不合格

援員1名が参加し、計3名体制（直接支援1名、観察者1名、ビデオ撮影1名）にて支援を行った。

実習中の記録は初日と最終日に CSAW、それ以外では DAC（Daily Accomplishment Chart：日々の達成チャート）を記入した。CSAW はそれぞれの作業に各1枚（計3枚）、ソフトスキルで1枚を記入した。実習初日では、アキオ氏にプロンプトを中心に指導を行った。開始当初プロンプトが必要であっても、後半にはプロンプトを必要とせずに行うことができるようになったものは CSAW において合格にした。DAC では、評価するポイント（CSAW で芽生えになった箇所）を抽出して記入した。

また、実習中の評価に関して、合格は一人ででき、芽生え（高）はスキル獲得するうえで自立に近いこと、芽生え（低）はスキル獲得において援助を必要とすること、不合格は現在まだそのスキルを持ち合わせていないことで評価し、3名以上の支援員によって評価の一致率（評価の一致数÷全項目数）を算出した。

3. 実習における企業 R の位置づけ

企業 R は障害者雇用を積極的に行っている企業である。アキオ氏が仕事を行う部門は、知的障害を伴わない発達障害者、または軽度知的障害者たちによって成り立っている。しかし、企業 R では重度知的障害を伴う ASD 者を雇用した経験はなかった。したがって本実習は事業所 S から制度を利用しない形で実習を行うように依頼した。アキオ氏への報酬は、事業所

S で用意し、企業 R の副センター長からアキオ氏へ支給していただくことにした。

4. 企業 R における職務内容

企業 R におけるリサイクル品の分別作業は以下のような手順で行われる。

まず、リサイクル品を回収してきたトラックから運び込まれたカタログ、牛乳パック、新聞やチラシ、トレー、ビニール袋等が入っているコンテナをだいたい仕分けた後、それぞれフレコン袋と呼ばれる袋に正確に仕分けていく。そして、そのフレコン袋の中身が一定の量になったらフレコン袋が設置されているカゴ台車ごと所定の位置に動かすことが求められる。動かし終えた後は、新たなカゴ台車を設置し、フレコン袋をカゴ台車に取り付けることになる。取り付け終えたら、再びコンテナからフレコン袋にリサイクル品を入れる作業に戻る。

実習を行うにあたり、職場担当者である副センター長 B 氏に協力を得て、本人の特性に合わせた職務内容、企業 R が期待する仕事からアキオ氏が行う職務内容を検討した。検討した結果、①ある程度仕分けられたコンテナ群の、主にカタログが入っているコンテナからカタログをフレコン袋に入れる作業（以下、カタログ入れ）、②一定量にたまったフレコン袋とカゴ台車を所定の位置に運ぶ作業（以下、カゴ台車の片づけ）、③カゴ台車とフレコン袋の準備（以下、カゴ台車の準備）の3つを実施することにした。

5．インフォームド・コンセント

　アキオ氏の保護者に書面にて本研究の同意を得た。また、アキオ氏には実習に対する報酬を伝え、事業所Sでの活動と企業Rでの実習から選択できるように視覚的な提示を行い、アキオ氏から実習することの同意を得た。

Ⅲ．結　果

1．支援の具体的な手続きの一例

　（1）項目：カゴ台車を所定の位置へ運ぶ

　この項目は「カゴ台車の片づけ」の項目である。CSAW では高い芽生えとして評価した。アキオ氏がカゴ台車をどこに置けばよいのか理解することが難しいことは実習前から見立てが立っていたため、1 回目より視覚的指示としてロープを活用した。この視覚的指示ではアキオ氏は所定の位置に気づくことが難しかった。アキオ氏は TTAP フォーマルアセスメントセクション直接観察尺度でも検査課題の道具が机上に出され、本人が目にした瞬間に活動を開始することが多くあった。このことからアキオ氏が片づける時には、瞬時に注目できるような明瞭さが必要であると見立てて再構造化を行った。さらに、実習現場ではなく、事業所Sの日常場面において、「探すこと」について、文字と絵によって説明を行った。これにより、7 日目から合格になった。

　（2）項目：援助要求することができる

　「カゴ台車の準備」の項目「段ボールを底の側面の溝に沿ってはめる」は CSAW（事前指導）において低い芽生えになっている。これはアキオ氏がうまくはめることができず、アキオ氏が「無理、だめだ」等の発言をしていた項目である。この項目は習得に時間を要することが考えられた。そのため、この項目は支援員に援助要求することで実習をすることにした。実習 2 日目より、アキオ氏は音声言語によって「おねがいします」と要求することができていた。しかし、方向性が乏しく、支援員の方を向いて表出することは多くなかった。このことから、コミュニケーションカードを使い、アキオ氏が支援員の方に向かって行くことを習得することにした。アキオ氏は一度のプロンプトによってコミュニケーションカードを他者に持っていくことができるようになり、方向性あるコミュニケーションができるようになった（5 日目）。

2．支援の結果

　ハードスキルである「カタログ入れ」「カゴ台車の片づけ」「カゴ台車の準備」ではすべての項目が合格になった。「ソフトスキル」では「安全手順の順守－ぶつからないように物を運ぶ」、「視覚的ルールに従う－靴の雪を払い、会社へ入る」、「点呼の際に"おはようございます"、退勤時に"お先に失礼します"と言う」は高い芽生えであったが、その他の項目は合格になった。図 2-1，図 2-2 に実習初日と最終日の CSAW をまとめたものを示す。

3．企業 R での評価

　実習後半、アキオ氏が行っているリサイクル品の分別作業を行っている従業員にアキオ氏について尋ねた。従業員の方から「アキオ氏が来ることで、別の仕事ができるからすごく助かっている。期待以上の速度で仕事をしてくれるから助かる」と評価された。また、副センター長の B 氏もアキオ氏の支援について積極的に提案してくださり、アキオ氏の仕事ぶりを見て「よくやってるね」と評価された。

4．アキオ氏への報酬と動機付け

　本実習では企業 R に 1 回行くごとに、副センター長 B からアキオ氏に支給金が手渡された。アキオ氏は 3 回実習を行うことで、アキオ氏が好きな焼き肉レストラン W に行く金額がたまった。これにより、3 回の実習ごとにアキオ氏は実習後焼き肉レストラン W に行くことを励みに実習を行うことができた。

Ⅳ．考　察

1．重度の知的障害を伴う ASD 者への TTAP の活用

　本研究では、TTAP の流れに則り、一般企業において重度知的障害を伴う ASD 者への支援を行った。その結果、企業 R において設定されたハードスキルはすべて合格になり、ソフトスキルも半数以上が合格になった。さらに、企業 R の従業員から、仕事をするうえでアキオ氏が役に立ったという評価を得ることができた。企業 R の都合上、実習の継続及び就労（パートタイム雇用）への移行はできなかったが、一般企業においてアキオ氏のような重度知的障害を伴う ASD 者が力を発揮できたと考える。

　以下に、事例を通して、TTAP が有効に作用した背景を考察する。

		実習初日			実習最終日		
		合格	芽生え	不合格	合格	芽生え	不合格
カタログ入れ	1. 空のドーリー（A）を所定の位置に置く。		高		✓		
	2. カタログが入ったコンテナのドーリー（B）を所定の位置に置く。		高		✓		
	3. カタログのコンテナを両手で持つ。		高		✓		
	4. カゴ台車のフレコンにコンテナを空ける。		高		✓		
	5. 空のコンテナをたたむ。	✓			✓		
	6. たたんだコンテナをドーリー（A）に置く。	✓			✓		
	7. ドーリー（A）に置いたコンテナを揃える。		高		✓		
	8. カタログをならす。	✓			✓		
	9. ドーリー（B）のコンテナがなくなった時の対応。		高		✓		
	10. フレコンの縫い目ぐらい（±2cm程度）でやめる。		高		✓		
カゴ台車の片づけ	1. カゴ台車のカタログラベルをはずす。		高				NM
	2. カゴ台車のカタログラベルをたたんだコンテナを置くドーリー（A）のたたまれたコンテナの上に置く。		高				NM
	3. 手前のバーをかける。	✓			✓		
	4. 足でキャスター（右）のストッパーを踏む。		高		✓		
	5. 足でキャスター（左）のストッパーを踏む。		高		✓		
	6. カゴ台車を所定の位置に運ぶ。		高		✓		
カゴ台車の準備	1. たたまれたカゴ台車置き場まで移動する。		低				NM
	2. カゴ台車を所定の位置まで移動させる。		低				NM
	3. カゴ台車の扉（側面部）を開く。	✓					NM
	4. カゴ台車のキャスター（右）のストッパーを足でかける。		高		✓		
	5. カゴ台車のキャスター（左）のストッパーを足でかける。		高		✓		
	6. たたんだコンテナを置くドーリー（A）に置いてあるカタログラベルを取る。		高		✓		
	7. カタログラベルをかける。	✓					NM
	8. カゴ台車の底面をゆっくりと両手で降ろす。			✓			NM
	9. 底面をロックする。			✓			NM
	10. 段ボールを持ってくる。	✓			✓		
	11. 段ボールの継ぎ手を剥がす。	✓			✓		
	12. 段ボールを広げる。	✓			✓		
	13. 段ボールを底の側面の溝にそってはめる。		低				NM
	14. フレコンを持ってくる。	✓			✓		
	15. フレコンを広げる。	✓			✓		
	16. カゴ台車の奥のバーにフレコンの結びひもを結ぶ（ちょうちょ結び、玉結び）。	✓			✓		
	17. 左のバーの上部に、後ろからかけひもをかける。		高		✓		
	18. 右のバーの上部に、後ろからかけひもをかける。		高		✓		
	19. フレコンの内側を広げる。	✓			✓		

図2-1　CSAW 実習初日と実習最終日による評価の比較【ハードスキル】

		実習初日			実習最終日		
		合格	芽生え	不合格	合格	芽生え	不合格
ソフトスキル	仕事の持久力の維持－2時間カタログ入れの作業の質を落とさずに行う。		高		✓		
	視覚的ルールに従う－走らないで歩く。	✓			✓		
	質の維持－カタログをきれいにならす。	✓			✓		
	マッチングスケジュールの活用。		高		✓		
	安全手順の遵守－ぶつからないようにカゴ台車を運ぶ。		高			高	
	視覚的ルールに従う－靴の雪を払い、会社へ入る。		高			高	
	援助要求することができる。		高		✓		
	点呼の際に「おはようございます」、退勤の際に「お先に失礼します」と言う。		高			高	

図2-2　SAW 実習初日と実習最終日による評価の比較【ソフトスキル】

まずはじめにフォーマルアセスメントセクションを実施したことである。就労支援では、個人と職場の双方について多様なアセスメントが必要とされている（志賀，2009）。フォーマルアセスメントセクションの結果から、職場開拓を行うことで企業 R と結びつくことができた。

次に「芽生え」はもう少しで合格できそうな課題や検査者からヒントや手助けをもらえばできる課題に対して採点される。服巻（2014）は TTAP の前身である AAPEP（青年期成人期心理教育アセスメントプロフィール）について、「芽生え反応を示した検査項目をそのまま指導目標とすることが可能だった」と述べている。これらのことから評価基準を「合格」「芽生え」「不合格」の 3 段階で評価したことは、筆者らにどこを支援するべきか明確にすることに有効だったといえる。

そして、インフォーマルアセスメントセクションでは CSAW や DAC を使用した。CSAW は実習初日と最終日に利用することで実習前後でのアキオ氏の評価の変化を如実に現わすことができた。また実習初日の CSAW によって、初日に芽生え評価と記載された項目が DAC に記述される。DAC は毎日評価されるため、どの項目がまだ合格できていないのか日々チェックされる。したがって、支援者間で指導すべき点を共通認識したうえで実習を行うことができた。

これらの点から、TTAP に基づいた重度知的障害を伴う ASD 者への就労支援にも十分活用は可能であると考えられる。

2. 重度知的障害を伴う ASD 者の就労支援について

日本知的障害者福祉協会（2016）の平成 26 年度生活介護事業所（通所型）実態調査報告によれば、生活介護事業所（通所型）の利用者の 75％以上が障害支援区分が 4 以上である。ASD 者は、特定の作業能力が高くても、臨機応変に行動できない、集団での活動が苦手、こだわりが強い、対人面でのトラブルがあるといったことから、作業所などでの福祉的就労は可能でも、一般就労は難しいと考えられていた（服巻，2009）。

本事例において、企業 R に仕事を認められながらも、アキオ氏が一人で完全に自立して仕事を行うことができたわけではない。アキオ氏が仕事をするうえで、一部手伝うことは必須であった。このような点から重度知的障害を伴う ASD 者の就労支援では、援助付き雇用（Supported Employment）も視野に含めな

がら支援を考えることが望まれる。これらの支援があれば、アキオ氏のような重度知的障害を伴う ASD 者であっても就労することができる可能性は十分考えられる。

3. 支援体制に関する課題について

生活介護事業所では、多様なニーズを持った利用者がいる。それぞれのニーズに応えるためには、就労（一般就労、福祉的就労）につないでいくことも含まれ、ニーズに応えていくためには支援体制の強化が課題として挙がると考えられる。重度知的障害を伴う ASD 者の就労支援をするためには、本研究のように支援者が継続的に介入する必要があると考えられる。彼らを支えていくためには、青年期・壮年期の利用者が就労できるための支援員の体制づくりや、実際の企業におけるナチュラルサポートの支援体制づくりが求められると考える。

V. 今後の課題

本研究ではアキオ氏の年齢も加味し、アキオ氏の職場実習は、実習からそのまま企業 R で一般就労（パートタイム雇用）することができることを本事例の目的としていた。アキオ氏は企業 R から肯定的な評価を得ることができていたが、実習直後、企業 R が現在雇用している障害者の仕事の再編を行うため、新たに人材を雇用することが難しいということから就労に結びつくことがなかった。しかし、実際の一般企業でもアキオ氏が十分に強みを発揮して働くことができた一事例となった。今後もアキオ氏の強みを生かせる職場を開拓し、実習、就労に向けて支援を行っていきたい。

謝辞：最後に、本研究を進めるにあたり、協力してくださったアキオ氏と、アキオ氏の保護者の方、また快く実習を受け入れていただいた企業 R の方々、ならびに関係者の皆様に、この場を借りて御礼申し上げます。

〈文　献〉

服巻　繁（2009）Ⅳ 就労現場における支援の事例　実践事例へのコメント．梅永雄二編（2009）「構造化」による自閉症の人たちへの支援—TEACCH プログラムを生かす．教育出版, pp.95-97.

服巻智子（2014）解説 キャリア教育と移行支援にお

けるTTAPの位置づけ．梅永雄二・服巻智子著・監修（2014）副読本：TTAP：自閉症スペクトラムの移行アセスメントプロフィール―TTAPの実際．ASD ヴィレッジ出版, pp.120-128.

今野義孝・霜田浩信（2006）知的障害者の就労支援に関する研究―S 社の「チャレンジド雇用」．人間科学研究文教大学人間科学部, 28, 69-78.

Mesibov, G. B., Shea, V. & Schopler, E.（2004）THE TEACCH APPROACH TO AUTISM SPECTRUM DISORDERS（服巻智子・服巻　繁訳（2007）11章　成人サービス．TEACCH とは何か―自閉症スペクトラム障害の人へのトータル・アプローチ．エンパワメント研究所, pp.219-269）

Mesibov, G. B., Thomas, J. B. & Chapman, S. M.（2007）TTAP: TEACCH Transition Assessment Profile Second Edition. Modernes Lernen Borgmann.（梅永雄二（2010）はじめに．梅永雄二監修・服巻繁・服巻智子監訳（2010）自閉症スペクトラムの移行アセスメントプロフィール―TTAP の実際．川島書店, pp. i - ii）

日本知的障害者福祉協会（2016）平成 26 年度生活介護事業所（通所型）実態調査報告, pp.207-224.

志賀利一（2009）就労支援　TEACCH の理念を実践するジョブコーチ．佐々木正美監修・小林信篤編著（2009）TEACCH プログラムによる日本の自閉症療育．学研プラス, pp.203-210.

清水　浩（2012a）自閉症スペクトラム生徒のキャリア教育に関する臨床的研究Ⅰ．宇都宮大学教育学部教育実践総合センター紀要, 35, 149-156.

清水　浩（2012b）自閉症スペクトラム生徒のキャリア教育に関する臨床的研究Ⅱ．宇都宮大学教育学部教育実践総合センター紀要, 35, 157-164.

清水　浩（2015）TTAP による自閉症スペクトラム障害生徒の職業評価と就労支援への活用．山形県立米沢女子短期大学附属生活文化研究所報告, 42, 75-83.

梅永雄二（2014）第 1 章　TTAP について．梅永雄二・服巻智子著・監修（2014）副読本：TTAP：自閉症スペクトラムの移行アセスメントプロフィール―TTAP の実際．ASD ヴィレッジ出版, pp.8-14.

若松昭彦・玉林和紘（2013）自閉症生徒の現場実習における TTAP インフォーマルアセスメントの活用方法に関する研究．広島大学大学院教育研究科紀要第一部, 62, 163-169.

全国社会福祉協議会（2015）障害福祉サービスについて 平成 27 年 4 月版.

The Japanese Journal of Autistic Spectrum 2020, Vol.18-1, 45-49

実践報告

自閉症児のトイレットトレーニング
——排尿行動における刺激性制御の転移を標的とした保護者支援の事例——

Case study of parent-implemented urination training for transferring stimulus control to a boy with autism

伊藤 久志（アイズサポート）

Hisashi Ito（*I's Support*）

■要旨：本研究は、トイレでは排尿できないが浴室の洗い場では排尿でき、尿が飛び散るのを防ぐためにバケツに排尿していた5歳の自閉症と精神遅滞と診断された男児に対して、バケツをプロンプトとして用い、排尿行動が生起する不適切な弁別刺激（浴室）を系統的に操作することによって、適切な弁別刺激（トイレ）に対して排尿行動が生起するよう介入し、さらにプロンプトのフェーディングにまで至った自閉症児の排尿訓練の保護者支援に関して報告する。

■キーワード：排尿、刺激性制御の転移、プロンプティング、プロンプト・フェーディング、保護者支援

Ⅰ．はじめに

　発達障害・知的障害の人に対するトイレットトレーニングは、将来の社会生活にとって非常に重要な支援目標である。Foxx & Azrin 法（Azrin & Foxx, 1971）をはじめ、定時誘導、強化、プロンプティング・プロンプトフェーディングなどを含めた行動的介入が有効であることが明らかになってきている。しかし、通常の行動的介入ではうまくいかないケースも見られる。そのような困難事例の中には、不適切な弁別刺激に対して強固な刺激性制御が確立しているパターンが多い（Kroeger & Sorensen-Burnworth, 2009）。このような場合、介入のターゲットは、不適切な弁別刺激から適切な弁別刺激に移行する「刺激性制御の転移」であり、それを促す手続きが必要である。そのためには、対象児・者の排泄行動に対する現時点での弁別刺激を詳細に分析・同定し、無誤学習によって適切な排泄行動の確立手続きを導入していく必要がある（武藤他, 2000）。

　排尿行動の刺激性制御の転移に関する実践研究には、Heyward（1988）、Hagopian ら（1993）、Taylor ら（1994）、Luiselli（1994；1996；1997）、Smith ら（2000）の研究があり、さまざまな手続きが考案されている。

　Hagopian ら（1993）は、浴室のバスタブに浸かっている時には排尿するがトイレでは排尿しない最重度精神遅滞の9歳男児に対して、トイレで便器に着座したらペニスに温かい水をかけることをプロンプトとして排尿を促した。水をかけることがプロンプトとして機能することを操作交代デザインを用いて明らかにしたが、そのプロンプトをフェーディングすることまでは扱っていない。

　よって、Hagopian ら（1993）の実践は、刺激性制御の転移を確立するために自然な状況で弁別刺激として機能しているものをプロンプトとして用いたという点で示唆に富むが、そのプロンプトをフェーディングできていないという問題点が見られる。

　そこで本実践では、トイレでは排尿できないが浴室の洗い場では排尿でき、尿が飛び散るのを防ぐためにバケツに排尿していた自閉症児に対して、バケツをプロンプトとして用い、排尿行動が生起する不適切な弁別刺激（浴室）を系統的に操作することによって、適切な弁別刺激（トイレ）に対して排尿行動が生起するよう保護者を主体とした介入を行った。さらにプロンプトのフェーディングも試みた。

Ⅱ．方　法

1．対象児

　5歳の自閉症と精神遅滞と診断された男児であっ

た。4歳時より筆者の訪問療育を受けるようになっ
た。4歳7カ月時のVinelandの各領域標準得点（下
位領域評価点）の結果は、適応行動総合点37、コミュ
ニケーション34（受容言語1，表出言語1，読み書き
9）、日常生活スキル43（身辺自立5，家事7，地域生
活5）、社会性36（対人関係6，遊びと余暇1，コーピ
ングスキル7）、運動スキル40（粗大運動7，微細運
動3）であった。

　保護者の主訴には、課題として言語、トイレットト
レーニングなどが挙げられていた。言語に関しては、
「座って」などの簡単な音声指示に従うことができた
が、指示された物やカードを選択することはできな
かった。また、クレーン反応で要求することが多く、
その他のコミュニケーションのモードは見られなかっ
た。

　排泄に関しては、以前に対象児に排尿の素振りがあ
る時や排泄がありそうなタイミングに保護者がトイレ
に誘導する一般的な習慣訓練を実施しようと試みた
が、次第に便器に着座させようとすると拒否するよう
になった。実践時にはトイレには入室するものの、便
器への着座や接近は床に座り込んだり泣くことによっ
て拒否するようになっていた。

2. 対象児を取り巻く支援の環境

　筆者の自宅への訪問療育では、月2回、1時間の
セッションをしており、セッションでは、要求コミュ
ニケーション（絵カード交換式／両手を合わせる）、
マッチング（物と物／カードとカード）、作業（プッ
トイン）、模倣（物を使った模倣）に関する課題を実
施していた。

　本実践におけるアセスメントの実施と介入手続きの
提案は、訪問療育のセッション時に保護者と筆者が協
働して実施した。介入計画は筆者が立案し、保護者が
実行した。

　他施設の作業療法と言語療法を受けていた。特に、
他の専門家や保育園と筆者との連携はなかった。

3. 計画

　3日間のベースライン測定の後に介入を実施する
ABデザインを用いた。

4. 手続き

・アセスメント

　まず、保護者から聴取しながら筆者がABC分析の
図を作成することによって機能的アセスメントを実施

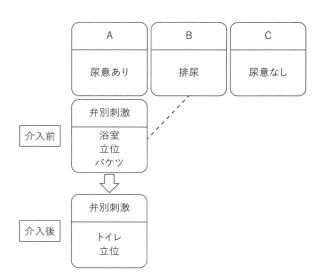

図1　対象児の排尿行動の機能的アセスメント

した。図1に対象児の機能的アセスメントの結果を示
す。まず便器への排便経験はなく、2つの排尿パター
ンが見られた。1つ目のパターンはオムツへの排尿で
あり、2つ目のパターンは浴室での排尿であった。浴
室での排尿に関しては、排尿の弁別刺激として、浴
室、立った状態、バケツがあり、飛び散るのを防ぐた
めに、バケツの中に排泄していた。まずは、浴室での
排尿パターンをトイレでの排泄に移行することがター
ゲットとして適切と思われた。その後、生態学的アセ
スメントとして、自宅内を回りながら浴室とトイレを
見て、図2のように対象児の自宅の見取り図を作成し
た。

・標的行動の設定

　家庭内で便器の前に立った状態で排尿できることを
目標とした。浴室での排尿は家庭内に限定されたパ
ターンであるため、まずは家庭内に限定して保護者が
介入することとし、それが上手くいった場合に家庭外
の環境での排泄もターゲットとすることとした。ま
た、以前はトイレで着座での排泄を試みていたが、プ
ロンプトのフェーディングをしやすくするために便器
の前に立った状態での排泄を目標とした。

・介入手続き

　表1に本実践で実施した漸次的アプローチ手続きを
示す。ステップ1では、浴室の外に立ってバケツ内に
排尿できることを目指した。ステップ2では、廊下に
立ってバケツ内に排尿できることを目指した。ステッ
プ3では、トイレの前に立ってバケツ内に排尿できる
ことを目指した。ステップ4では、トイレ内で立って
バケツ内に排尿できることを目指した。ステップ5で

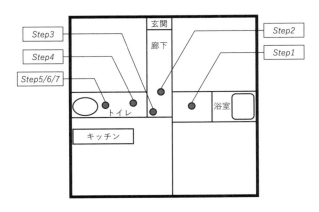

図2　対象児の自宅の生態学的アセスメント

表1　刺激性制御の転移手続き

	弁別刺激	プロンプティング プロンプト・ フェーディング
ステップ1	浴室の外＋立位	バケツ
ステップ2	廊下＋立位	バケツ
ステップ3	トイレの前＋立位	バケツ
ステップ4	トイレ内＋立位	バケツ
ステップ5	便器の前＋立位	バケツ
ステップ6	便器の前＋立位	バケツのフェーディング
ステップ7	便器の前＋立位	バケツなし

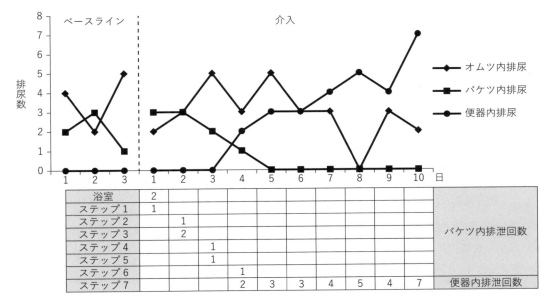

図3　介入の経過

は、便器の前に立ってバケツ内に排尿できることを目指した。ステップ6では、便器の前に立ってバケツ内に排尿しはじめた直後に保護者がバケツを除去し、途中からは便器内に排尿できることを目指した。ステップ7では、便器の前に立ってはじめから便器内に排尿できることを目指した。全てのステップにおいて、成功した場合、強化子（言葉、拍手）を提示した。ステップ移行の基準は、弁別刺激への固着を防ぐために、1回成功したら次のステップに移行することとした。

　保護者に対して、家庭内での実行の手がかりとして、図2の見取り図内に各ステップの手続きを追記したものを渡した。

・データ

　筆者が作成した記録用紙に保護者が記入した。家庭内での日毎のオムツ内排尿とバケツ内排泄と便器内排泄の回数をデータとした。ベースライン測定を3日実施した後に介入するよう伝えた。なお、家庭内で過ごす所要時間は日によって異なった。

5. 倫理的配慮

　本実践を開始するにあたり、対象児の保護者に対して介入手続き、ならびにその実行を強制しないことを説明し、書面で同意を得た。本実践終了後に、保護者に成果公開の許可申請を行い、書面で同意を得た。

Ⅲ. 結　果

　介入の経過について、図3に示す。1～3日目かけ

て徐々にステップを移行し、4日目から通常の便器内排尿が可能となった。データは得られていないが、3カ月後にはオムツ内排尿もほぼ見られなくなった。

ステップの移行やプロンプトのフェーディングに対して対象児が拒否することは見られなかった。しかし、保護者には次のステップに移行することへの心理的抵抗があり、介入1日目に筆者への電話があった。筆者からは「とりあえずやってみる」ことを伝えたところ、保護者からは「試みに実行してみたところ、スムーズに実行できた」ことが報告された。

実践から1年・3年後の時点でも、便器に排尿することは維持されていた。さらに、毎日、自発的にトイレに行き排尿できるようになった。また、保育園や祖父母宅のトイレなど自宅以外のトイレの便器に排尿できるようになった。

Ⅳ. 考 察

本実践では、便器への排尿は拒否するが浴室でバケツには排尿できる5歳の自閉症と精神遅滞と診断された男児に対して、バケツプロンプトを用いた刺激性制御の転移とそのプロンプト・フェーディングを実施した結果、自宅で便器内に排尿できるようになった。バケツ内排尿が減少し便器内排尿が増加した一方、オムツへの排尿パターンは介入期間中も生起していることを考慮すると、本実践は浴室での排尿パターンが便器内排尿に移行したものだと言える。よって、周囲が前兆に気付かなかったり通常とは異なるタイミングで生起した排尿に関しては介入していないため、オムツ内排尿が継続していたと思われる。しかし、3カ月後にはオムツ内排尿もほぼ見られなくなったことから、適切な便器内排尿を強化し続けることによって、相対的に徐々にオムツ内排尿が減少していったと思われる。

プロンプトのフェーディングが遂行できた理由として、Hagopianら（1993）ではプロンプトとして用いた水が身体に接触するのに対して、本実践でプロンプトとして用いたバケツは身体と接触しないために、フェーディングが容易だったと思われる。ステップの移行基準が1回の成功だったことによって、刺激性制御の固着が生起しなかったこともフェーディングの遂行に寄与していたと思われる。

最後に、不適切な弁別刺激に対して強固な刺激性制御が確立している事例において、本実践のように自然な状況で弁別刺激として機能しているものをプロンプトとして活用する刺激性制御の転移手続きは非常に有用であると思われる。そのための前提条件は、本実践の場合は、限定された状況の中でバケツ内に排泄できることであった。しかし、この前提条件は男性にのみ該当すると思われる。もしこのような前提条件がなく、通常のトイレットトレーニングが上手くいかず、オムツのみに排泄しているケースの場合、そのターゲットとして、まずはオムツ以外の限定された状況や特定された物を用いて排泄することに取り組み、そこから徐々にトイレに刺激性制御の転移を試みるプログラムを提案することが必要である。

謝辞：本実践の発表を快諾いただいた対象児のご家族に対して、感謝の意をここに記します。

〈文 献〉

Azrin, N. H. & Foxx, R. M. (1971) A rapid method of toilet training the institutionalized retarded. Journal of Applied Behavior Analysis, 4, 89-99.

Hagopian, L. P., Fisher, W., Paszza, C. & Wiezbicki, J. (1993) A water-prompting procedure for the treatment of urinary incontinence. Journal of Applied Behavior Analysis, 26, 473-478.

Heyward. E. (1988) Generalisation of toileting skills of a entally handicapped boy. Behavioural Psychotherapy, 16, 102-107.

Kroeger, K. A. & Sorensen-Burnworth, R. (2009) Toilet training individuals with autism and other developmental disabilities: A critical review. Research in Autism Spectrum Disorders, 3, 607-618.

Luiselli, J. K. (1994) Toilet training children with sensory impairments in a residential school setting. Behavioral Interventions, 9(2), 105-114.

Luiselli, J. K. (1996) A case study evaluation of a transfer-of-stimulus control toilet training procedure for a child with pervasive developmental disorder. Focus on Autism and Other Developmental Disabilities, 11(3), 158-162.

Luiselli, J. K. (1997) Teaching toilet skills in a public school setting to a child with pervasive developmental disorder. Journal of Behavior Therapy and Experimental Psychiatry, 28(2), 163-168.

武藤　崇・唐岩正典・岡田崇宏他（2000）トイレッ

ト・マネイジメント手続きによる広汎性発達障害児の排尿行動の形成—短期集中ホーム・デリバリー型の支援形態における機能アセスメントとその援助. 特殊教育学研究, 38(2), 31-42.

Smith, L., Smith, P. & Lee, S. K. Y. (2000) Behavioural treatment of urinary incontinence and encopresis in children with learning disabilities:

Transfer of stimulus control. Developmental Medicine and Child Neurology, 42(4), 276-279.

Taylor, S., Cipani, E. & Clardy, A. (1994) A stimulus control technique for improving the efficacy of an established toilet training program. Journal of Behavior Therapy and Experimental Psychiatry, 25(2), 155-160.

The Japanese Journal of Autistic Spectrum 2020, Vol.18-1, 51-59

実践報告

自閉スペクトラム症児の集団遊びにおける適切行動の増加が感情の自己制御に及ぼす効果の検討

Effects of increasing appropriate behaviors on emotional self-regulation during group play for a child with an autism spectrum disorder

小川　真穂（株式会社ベネッセコーポレーション）

Maho Ogawa（*Benesse Corporation*）

朝岡　寛史（高知大学教育研究部人文社会科学系教育学部門）

Hiroshi Asaoka（*Research and Education Faculty, Humanities and Social Science Cluster, Education Unit, Kochi University*）

馬場　千歳（筑波大学大学院人間総合科学研究科／日本学術振興会）

Chitose Baba（*University of Tsukuba / Japan Society for the Promotion of Science*）

澤田　竜馬（筑波大学大学院人間総合科学研究科）

Ryoma Sawada（*Graduate School of Comprehensive Human Sciences, University of Tsukuba*）

野呂　文行（筑波大学人間系）

Fumiyuki Noro（*Faculty of Human Sciences, University of Tsukuba*）

■要旨：本研究では、感情の自己制御に困難を示す自閉スペクトラム症児1名に対し、集団遊びにおいてペアとなった相手を応援するといった適切行動の増加が怒りの感情コントロールに及ぼす効果を検討した。ベースライン期では、自閉スペクトラム症の診断を受けた対象児と児童役、対象児の姉と児童役のチーム対抗の集団遊びを行った。続く介入1期では、対象児がペアを応援するといった適切行動の生起に随伴し、ペアは肯定的に応じるとともに、高いパフォーマンスを発揮した。介入2期では実際の集団遊び場面を想定し、対象児が応援したときにペアが失敗するといったように、適切行動が必ずしも強化されない状況を設定した。その結果、介入期において適切行動が増加し、不適切行動が減少する傾向がみられた。さらに、保護者に介入期の手続きを説明し、家庭での集団遊びにおいて手続きを導入した。その結果、適切行動の生起に随伴して強化刺激を提示するといった手続きの有効性が一部確認された。以上を踏まえ、適切行動の増加が感情の自己制御に及ぼす要因が考察された。

■キーワード：自閉スペクトラム症、感情の自己制御、集団遊び、適切行動

Ⅰ．問題の所在と目的

　自己制御機能は自分の意思・意図にもとづいて目標指向的に自分の行動を抑制する働きと定義される（小島他，1999）。情動的な自己制御能力は幼児期に著しく発達し、この発達は児童期以降も継続する。児童期の自己制御能力は学業をはじめとする生活の様々な側面と関係している。また、児童期は自己制御を司る前頭前野の変化が著しいため、幼児期と同様に自己制御の発達支援を考える重要な時期である（森口，2018）。

　自閉スペクトラム症（autism spectrum disorder；以下、ASD）児の特性として、対人コミュニケーションの困難さ及び現局的・反復的な行動や興味のパター

ンが挙げられる。それに付随して、感情の自己制御（emotional self-regulation）が難しいことが報告されている（e.g., Laurent & Gorman, 2018）。自己制御の困難は、社会性の障害や限局的・反復的行動といった行動上の適応困難をより際立たせる媒介因子として位置付けられている（片桐, 2018）。

　ASD児が感情の自己制御スキルを身につけるためには、怒りの段階を含む興奮状態の理解と制御スキルの学習が重要である（岡村・渡部, 2014）。その指導実践として、白井・武蔵（2010）は、児童が自分自身の「怒り」の感情を理解するために「サーモメーター（感情の5段階表示）」で感情の段階を自己評価する指導を行った。その結果、すべての対象児が自己の感情の段階を判断し、その理由を述べることができた。したがって、自己や他者の感情を理解した上で、自己の感情を制御する方法を学習することが必要である（Attwood, 2008）。また下山（2015）は、ゲーム開始前に紙芝居を用いてゲームに負けたときにとる対処行動を選択させ、我慢できたときの社会的賞賛とご褒美を予告した。その結果、ゲームへの参加、相手を応援する、片付けをするといった適切行動が増加した。さらに、長井ら（2018）は下山（2015）の手続きが機能しない事例に対し、ゲーム中の適切な態度を指導者が5段階で評価する態度フィードバックを導入した。「ルールを守る」「応援をする」「準備・片付けをする」「我慢する」という行動目標を白板に示し、これらの行動の生起に随伴して、対象児が好みのキャラクターが印刷されたシールを白板に貼った。その結果、適切行動が増加し、不適切行動が減少した。

　以上の実践研究からは、集団ゲーム場面においてASD児が感情の自己制御スキルを獲得するためには、言語化による自己感情の理解、対処行動の選択と遂行、それに対するフィードバックの提示が有効であることが明らかにされている。また、行動問題を示すASD児に対して、長井ら（2018）のように適切行動に焦点を当てた介入の有効性が示され、適切行動の増加が不適切行動の減少に影響するという知見が明らかになっている。適切行動への着目は、生活の質の向上や適応行動の増加を目指した支援（平澤, 2003）であり、積極的行動支援（Positive Behavioral Support）と呼ばれる。問題行動と同時に出現しない向社会的スキルを指導することで肯定的な行動が増加し、否定的な行動が減少したという佐囲東（2017）の報告にあるように、問題行動に変わる適応行動の形成を中心とした介入が開発されてきた（平澤, 2003）。

　ASD児における感情の自己制御の指導法に関するエビデンスが蓄積されている一方で、先行研究においては、指導開始前における対象児の自己制御の発達や自己感情の理解に関するアセスメントが十分になされていない。そのため、どのような自己制御能力を有するASD児にどの介入方略が機能するのかが十分に示されていない。例えば、怒りの興奮状態の指標となる兆候行動が見られない場合、「相手がカードをとる」「ゲームに負ける」ことに随伴して「激しく泣く」「奇声をあげる」といった不適切行動が即時に出現することになる。怒りや悲しみの感情が高ぶっているため、対象児にとるべき対処行動を教示したり、促したりすることは困難であると想定される。事前のアセスメントや行動特徴に基づく手続きの選定、導入により、感情の自己制御が促されると予想される。また、集団ゲーム場面において適切行動の増加と不適切行動の減少の共変動を検討した事例研究が十分でない。

　そこで本研究では、学齢期のASD児1名を対象に、対象児と保護者への質問紙によるアセスメントとゲーム場面における行動観察を踏まえ、集団遊びにおいてペアとなった相手を応援するといった適切行動の増加が怒りの感情コントロールに及ぼす効果を検討することを目的とした。

Ⅱ．方　法

1．対象児

　特別支援学級に在籍する小学校2年生の男子児童1名（以下、A児）を対象とした。医療機関にてASDの診断を受けていた。研究開始前に実施したWISC-IVの結果は、FSIQ85、VCI88、PRI100、WMI79、PSI83であった。また、親面接式自閉スペクトラム症評定尺度テキスト改訂版（Parent-interview ASD Rating Scale-Text Revision; PARS-TR）（安達他, 2013）の結果は、幼児期ピーク得点が34点、児童期得点が38点であった。Vineland-Ⅱ適応行動尺度の結果は、コミュニケーション領域、日常生活スキル領域、社会性領域の得点がそれぞれ69点、41点、41点であった。集団ゲーム中の様子としては、場面や人によらず、勝ち負けのある遊びに負けたときに泣いたり、参加を拒否したり、ルールを変更したりする様子がみられた。保護者からは、学校で同級生と遊ぶときに負けると悔しくて泣いてしまうのではないかと報告されていた。何かにつけて1番でないと気がすまな

く、ジャンケンで負けただけで泣くことがあると述べていた。なお、A 児は常時 1 種類（エビリファイ錠）の投薬を受けていた。

　研究に先立ち、A 児の母親に口頭と書面にて研究の目的や方法等について説明を行い、書面による同意を得た。また本研究は、筑波大学人間系研究倫理委員会の承認を得て実施された（筑 2019-135A）。

2.　指導期間

　X 年 6 月～11 月の 6 カ月間にわたって、C 大学のプレイルームにおいて A 児と A 児の姉（以下、B 児）、児童役の大学生または大学院生（以下、ST）2 名からなる計 4 名のチーム対抗のゲーム活動を行った。第 1 著者は、指導者（Main Trainer；以下、MT）として、ゲームの進行や ST への指示などを行った。B 児は ASD 及び ADHD の診断を受けており、感情のコントロールに関する指導を受けた履歴があった。1 セッション 2 ゲームとして、原則週 1 セッションを実施した。また、家庭場面期では A 児と B 児、両親からなる計 4 名のチーム対抗のゲーム活動を家庭で行った。

3.　研究デザイン

　少数事例実験計画法における ABC デザインを用いた。A をベースライン期、B を介入期、C を家庭場面期とし、介入手続きの効果を分析した。

4.　手続き

（1）アセスメント

　A 児に対しては、塚本（1997）を参考にした自己感情とその自己統制の認知に関する質問項目を提示し、回答を求めた（表 1：結果の項目に記載）。また、保護者に対しては「幼児の行動評定尺度（柏木, 1988）」から小島ら（1999）が選定した質問項目を提示し、回答を依頼した（表 2：結果に記載）。

（2）ベースライン期

　ベースライン（以下、BL）期では、A 児と B 児、ST2 名（ST1 と ST2）がそれぞれ別れて 2 組のペアを作り（例えば、A 児と ST2、B 児と ST1）、チーム対抗でゲームを行った。ゲーム時の様子はビデオカメラを用いて撮影した。各セッションにおけるゲームは A 児、B 児、ST2 名による話し合いで決定した。ST2 名は児童役になり、外すこともあれば点を取るというように、自然にゲームに参加した。B 児にも個別の指示は出さず、ゲームに参加してもらった。ゲームが始

まる前に、MT がゲームのルールの説明をし、「ゲームでは勝つこともあれば負けることもあるよね。勝っても負けても最後まで楽しくやろう！」と教示した。一人ずつプレイし、その他の参加者はチームごとに一列に並んで着席した。1 つのゲームにおいて、4 人が 1 回ずつ順にプレイすることを 1 セットとして、3 セット行った。不適切行動が生起した際は、A 児が落ち着くまで中断し、再びゲームに戻ったときに MT や A 児とペアの ST が「次、頑張ろう」等と励ました。最後に MT が順位発表を行い、ゲームを終了した。

（3）介入 1 期

　介入期では、チーム対抗であることを意識させる環境設定を導入した。BL 期の A 児の様子に基づき、MT はゲームに参加する ST2 名に対し、チーム内での順番や A 児への声かけなどのふるまいについて、事前に指示を出した。またチームを分かりやすくするために、紅白のチームに分け、チームごとに席を離した。チーム発表の際に、それぞれのチームの色のリボンを渡し、チームメンバー同士で手首にリボンをつけた。

　介入 1 期における独立変数は、ST の拍手・応援からなるモデリングと A 児に対する声かけや応答とし、同じチームの ST は A 児に対して「赤チーム、頑張ろうね！」等とチームを意識する声かけを行った。なお、A 児に対して「応援してね」等の教示は行わなかった。BL 期の様子から、最初から相手チームが高得点を取ると A 児の不適切行動が生じやすいことが推定されたため、A 児のチームから行った。また、チーム内の順番は最初に A 児が行い、その次に ST が行った。この順の理由として、ST が A 児に拍手・応援をすることや相手に話しかけることのモデルを提示するためであった。そして、A 児が自発的に同じチームの ST に対して応援・拍手したり、話しかけたりした場合、当該の ST は「ありがとう！」「頑張るね！」等と即時に肯定的に応じ、ゲームにおいてより良い点を取ったり、速いタイムでゴールしたりした。加えて、A 児と同じチームの ST は自分の順番のときに、A 児の適切行動の生起を促すために、A 児を見たり、自信がもてない様子を示したり、少し間を空けてプレイしたりした。その他の手続きは、BL 期と同様であった。

（4）介入 2 期

　日常的な場面でゲームを行うときは、相手を応援しても必ずしも上手くいくとは限らない。そこで、介入

1期の連続強化スケジュールから間欠強化スケジュールに移行した。したがって介入2期における独立変数は、STによる勝ち負けの操作とした。その際、より日常的な場面に近づけるため、1セッション2ゲームのうちの2つ目のゲームにおいて、拍手・応援する、話しかけるといった適切行動の生起時に同じチームのSTが高い点数を入れない、速いタイムでゴールしない場面を2セット目以降に設定した。1ゲーム目や1セット目からこの手続きを導入すると、A児にとって負荷が高いと考えられたため、2つ目のゲームの2セット目以降において本手続きを実施した。その他の手続きは、介入1期と同様であった。

（5）家庭場面期

家庭において、A児、B児、両親にてゲームを行った。口頭と紙面によって介入手続きを両親に伝えた。手続きは、介入1期と同様であった。

5.　社会的妥当性の評価

指導終了後に両親に対して社会的妥当性に関するアンケートを実施した。アンケートは5段階のリッカート尺度で評価する項目と自由記述から構成されていた。質問は指導の効果や妥当性に関する項目、家庭で実施する上でA児と両親の負担感に関する項目を設けた。

6.　データの分析方法

「相手（ペアのST）に拍手・応援する」「相手に話しかける」ことを適切行動と定義した。「相手に話しかける」は作戦をペアに耳打ちする等とゲームに関する内容を話しかけることとした。また、「泣く・奇声をあげる」「床に横になる」「ルールを無視する・変更する」「不適切な発言をする」「自分の顔を叩く」ことを不適切行動と定義した。なお、「不適切な発言をする」はゲームに関する悲観的な発言（例えば、「もう嫌だ！　負けた！」）を大声で言うこととした。それぞれについて10秒間部分インターバル法で生起・非生起を記録し、生起インターバル数を総インターバル数で除し、100を乗じて生起インターバル率（％）を算出した。

加えて、不適切行動生起時の先行事象を「相手がいい点を取る」「A児が点を外す」「同じチームのSTが点を外す」「点数発表の時」「ゲームの勝敗に負ける」「B児にきつい言葉（例えば、「○○（A児の名前）嫌だ！」）を言われる」「その他」の7つに分類した。「その他」は、先行事象が不明確なもの（例えば、

自己刺激行動）とした。そして、不適切行動が生起したインターバルごとに、その先行事象を同定し、1回とカウントした。なお、「泣き続ける」といったように、2つ以上のインターバルにわたって不適切行動が生起し続けた場合は、いずれのインターバルの不適切行動も同一の先行事象によって生じたとし、2回等とカウントした。さらに1つのインターバルで2つの不適切行動が生起した場合は、それぞれ1回とカウントした。

7.　データの信頼性

データの信頼性は、応用行動分析学を学ぶ大学生（第二観察者）と第一筆者の間の記録の一致率によって測定された。ランダムに抽出した25％のセッションを対象とした。観察者間一致率は、第一筆者の記録した生起インターバル数を第二観察者が記録した生起インターバル数で除し、100を乗じて算出した。BL期における適切行動の一致率は100％、不適切行動80.5％、介入1期の適切行動78.2％、不適切行動87.5％、介入2期の適切行動が81.8％、不適切行動100％、家庭場面期の適切行動が85.7％、不適切行動83.3％であった。

Ⅲ.　結　果

1.　アセスメント

自己感情とその自己統制の認知に関して、A児は「喜び」や「怒り」の質問には現在の感情やその感情が喚起される場面を概ね適切に回答した。その一方で、「悲しみ」の質問には「分からない」等と回答した（表1）。また幼児の行動評定尺度に対し、保護者はA児が思い通りにならないときや納得がいかないときに感情をコントロールすることが難しいと評定した（表2）。

2.　ベースライン期

A児における適切／不適切行動の生起インターバル率（％）を図1に、不適切行動が生起した際の先行事象の回数（回）を図2に示した。各セッションにおけるゲーム時間の平均は310秒（160～390秒）であった。適切行動の平均生起インターバル率（以下、生起率）は「相手に拍手・応援する」が3.6％、「相手に話しかける」が0.4％であった。不適切行動の平均生起率は、「泣く・奇声をあげる」、「床に横になる」、

表 1　自己感情とその自己統制の認知（塚本，1997）の質問項目と A 児の回答

質問項目	回答
1　今、怒っていますか？	怒ってない
2　自分が怒っているということがどのようなことから分かりますか？	分からない
3　どのようなときに怒りますか？	勉強が分からなくなったり、ケンカになったり…
4　そのようなときでも怒らないことはありますか？どのようなときですか？	ない。分からない
5　今、嬉しいですか？	普通
6　自分が嬉しいということがどんなことから分かりますか？	いつも普通だから
7　どのようなときに嬉しいですか？	誕生日とか何か買ってもらったときとか
8　そのようなときでも嬉しくないことはありますか？どのようなときですか？	ない
9　今悲しいですか？	悲しくありません
10　自分が悲しいということがどのようなことから分かりますか？	楽しいから
11　どのようなときに悲しいですか？	分からない
12　そのようなときでも悲しくないことはありますか？どのようなときですか？	無回答

表 2　幼児の行動評定尺度（柏木，1988）の質問項目と母親の回答

質問項目	評価
1　自分の思い通りにいかないと、すぐに不機嫌になる。	5
2　納得のいかないことがあったとき、すぐに癇癪を起こさずに落ち着いて話すことができる。	1
3　嫌なことがあっても、人や物に八つ当たりをしない。	4
4　相手から不快なことを言われても、自分の感情を露骨に表さない。	1
5　自分が気に入らない人には、つい過剰に注意をしたり、文句を言いすぎたりしてしまう。	1
6　自分の意見を否定する相手の意見を受け入れることができない。	3
自分がされて嫌なことは人にもしない。	2
7　自分の考えだけを聞いてもらおうとするのではなく、相手の考えを聞いて、分かってあげようとする。	4
8　友だちから間違いを指摘されたら、素直に自分が間違っていたことを認める。	5

「ルールを無視する・変更する」、「不適切な発言をする」、「自分の顔を叩く」がそれぞれ 44.2％、2.4％、7.4％、4.8％、0％であった。他の分類と比べて「相手チームがいい点をとる」「A 児が点を外す」ことを先行事象として、不適切行動が生起することが多かった。

3.　介入期

（1）介入 1 期

ゲーム時間の平均は 473 秒（240 ～ 850 秒）であった。適切行動の平均生起率は、「相手に拍手・応援する」、「相手に話しかける」がそれぞれ 10.9％、8.4％であった。不適切行動の平均生起率は、「泣く・奇声をあげる」、「床に横になる」、「ルールを無視する・変更する」、「不適切な発言をする」、「自分の顔を叩く」がそれぞれ 8.1％、2.5％、0.3％、2.1％、0％であった。BL 期と比べて介入 1 期では適切行動の生起率が増加し、不適切行動のそれが減少する傾向がみられた。また、BL 期と同様に、ゲーム中の自分と相手のパフォー

マンスを先行事象として不適切行動が生起する傾向があった。

また、ゲームの種類によって適切行動と不適切行動の生起率に明確な相違はみられなかった。各ゲームの A 児の様子に関して、14 ゲーム目に「ボール入れ」を行った際に、同じチームの ST がボールを投げる場面において、終始応援する様子がみられた。また、12 ゲーム目に「おたまリレー」を行った際に、A 児は初めて行ったゲームを楽しむあまり、時間を競っていることを忘れて早くゴールができず、その直後に不適切行動が生起した。加えて、本フェイズでは肯定的な発言が多く生起した。例えば、相手チームが連続して点を入れた後に「僕のことを応援してね。先生のときも応援するから」、A 児のチームが負けたときに「今日は赤チームと白チームが一回ずつ勝ったね」等と発言した。

（2）介入 2 期

ゲーム時間の平均は 533 秒（360 ～ 910 秒）であった。適切行動の平均生起率は「相手に拍手・応援す

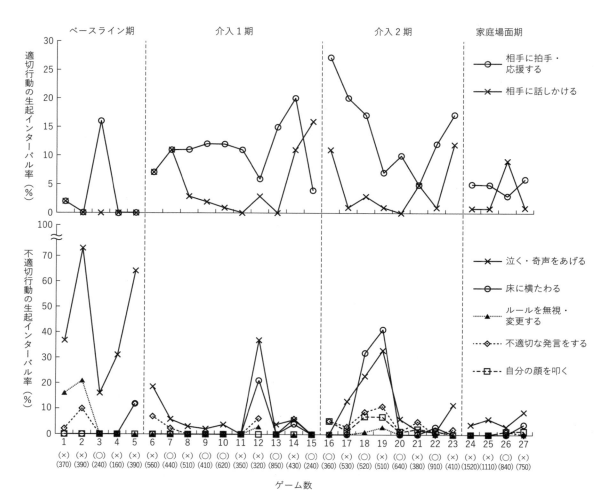

図1 ゲーム場面における適切／不適切行動の生起インターバル率（％）
カッコ内の○×はA児の勝敗を示す。数字はゲーム時間（秒）を示す。
18、19ゲーム目は薬（エビリファイ錠）の飲み忘れがあった。

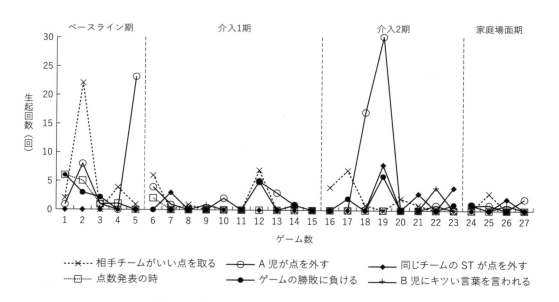

図2 不適切行動生起時における先行事象の分析
18、19ゲーム目は薬（エビリファイ錠）の飲み忘れがあった。

る」、「相手に話しかける」がそれぞれ 14.3％、4.2％
であった。不適切行動の平均生起率は、「泣く・奇声
をあげる」、「床に横になる」、「ルールを無視する・変
更する」、「不適切な発言をする」、「自分の顔を叩く」
がそれぞれ 11.2％、9.5％、0.5％、4.5％、3％であっ
た。介入 1 期と比べて 2 期では、適切行動の平均生起
率がやや減少し、不適切行動のそれがやや増加した。
不適切行動生起時の先行事象の回数は、18、19 ブロッ
ク目の「A 児が点を外す」が最も多かった。

　16 ゲーム目のボーリングにおいて、A 児は終始応
援し、ピンが 1 本も倒れなかったが不適切行動は生起
せず、すぐに同じチームの ST を応援した。本フェイ
ズの不適切行動の多くが、18、19 ゲーム目に生起し
た。具体的には、19 ゲーム目にボーリングを行った
ときに、ピンが倒れなかったことに随伴して不適切行
動が生起した。この 2 ゲームは同じ日に実施し、保護
者より薬（エビリファイ錠）を飲み忘れたことが報告
された。なお、服薬の有無によらず指導効果を継続的
に検証するため、18、19 ゲーム目のデータも含めた。

　A 児の行動特徴として、「もう負けた」と悲観的に
なる B 児に対して、「まだ分からないよ」や「あと 2
回もできるよ」等と声をかけたり、同じチームの ST
に対して「両手でやって」とアドバイスしたりした。
また、17 ゲーム目において、A 児と同じチームの ST
が点を外しても不適切行動が生じず、応援する様子が
みられた。また介入期全体を通して、「泣きながら応
援する」といったように、不適切行動と適切行動が同
時に生起することはなく、どちらか一方が出現した。

4. 家庭場面期

　ゲーム時間の平均は 1055 秒（750 〜 1520 秒）で
あった。適切行動の平均生起率は、「相手に拍手・
応援する」、「相手に話しかける」がそれぞれ 4.7％、
2.9％であった。不適切行動の平均生起率は、「泣く・
奇声をあげる」、「床に横になる」、「ルールを無視す
る・変更する」、「不適切な発言をする」、「自分の顔を
叩く」がそれぞれ 5.5％、1％、0.2％、0.2％、0.5％で
あった。介入期と比べて適切行動と不適切行動の生起
率の両方減少する傾向がみられた。

　適切行動に関して、26 ゲーム目にボーリングを行っ
た際に、なかなか上手く投げられない保護者に対し、
作戦を伝えたり、「こうやってやるんだよ」とアドバ
イスしたりした。また不適切行動に関して、27 ゲー
ム目にボーリングをしたときに、1 本もピンが倒れず
に「なんで僕 0 点なのー！」と発言した。

5. 社会的妥当性の評価の結果

　指導の効果や妥当性について、父親母親ともに 4 ま
たは 5 と、全体的に肯定的に評価した。父親は「どう
しても勝負事になると真剣になりすぎてしまい、我慢
できずに泣いてしまうことがありました。ただ以前よ
りは感情のコントロールが良くなっていると感じてい
ます」と記述した。母親は「ゲームに負けそうになる
と怒ったり泣いたりしましたが、以前より切り替えが
早くなったと思います」等と記述した。

IV. 考　察

　本研究では、ASD 児 1 名を対象に、集団遊びにお
いてペアとなった相手を応援するといった適切行動の
増加が怒りの感情コントロールに及ぼす効果を検討し
た。その結果、BL 期と比べて介入 1 期において適切
行動の増加、不適切行動の減少という共変動が確認さ
れた。介入 2 期では、介入 1 期と比べて適切行動がや
や減少し、不適切行動がやや増加した。家庭場面期で
は両者が減少した。以上の結果を踏まえ、適切行動の
増加が不適切行動の減少に及ぼす要因を考察した。

　まず介入 1 期における適切行動の増加は、ST が A
児に対して行った応援や拍手が先行事象として機能し
たものと考えられ、ST によるモデリング手続きは有
効であったことが推察される。また不適切行動生起時
の先行事象の分析から、A 児の順番のときに思うよ
うに点を取れない（「A 児が点を外す」）こと等が先
行事象となり、「泣く・奇声をあげる」「床に横にな
る」といった不適切行動が生起することが多かった。
その直後にペアの ST の順番になり、「相手に拍手・
応援する」「相手に話しかける」ためには必然的に不
適切行動を収束させる、つまり気持ちを切り替える必
要があった。換言すれば、ペアの ST の存在が不適切
行動の収束と適切行動の生起の弁別刺激として機能
し、感情の自己制御が促されたといえよう。A 児が
適切行動を遂行することに随伴し、ペアの ST が肯定
的に応じるとともに高いパフォーマンスを発揮したこ
とが強化として機能し、「相手に拍手・応援する」「相
手に話しかける」という適切行動の生起が促進された
と推測される。これは、A 児の適切行動と不適切行
動が独立して出現していたため、手続きが機能したと
考えられる。仮に、「泣きながら応援する」といった
ように、それらが同時に生起する場合はいずれの生起
率も上昇することになり、感情の自己制御が困難と

なった可能性がある。

　以上の一連の流れをくり返すことにより、Ａ児は自分が点を入れられなかったときや、相手が良い点を入れたときに感情を上手くコントロールすることができなかったとしても、その後にペアのSTを応援することにより、感情の自己コントロールの一端を学習した可能性がある。言い換えれば、適切行動の増加によって相対的に不適切行動が減少したともいえよう。そして、介入2期において適切行動の随伴操作が連続強化スケジュールから間欠強化スケジュールに移行したことにより、その生起が維持されたと考えられる（Miltenberger, 2006）。それに加えて、介入期で導入したチームごとに席を配置したり、チームカラーのリボンをつけたりするといった環境設定は、チームワークを高めることへとつながった可能性がある。さらに、ゲームそのものの難易度の調整、ゲームを行う順番の調整を含めてゲームを行うことにより、気持ちを切り替え、他者を応援するといった適切行動の生起を促進したと推察される。本研究における適切行動の増加と不適切行動の減少の共変動は、佐囲東（2017）において否定的な行動が減少する一方で肯定的な行動が増加したという結果を支持するものであった。さらに、アセスメントによってＡ児の特性を踏まえ不適切行動の対処行動を指導するだけはなく、ペアのSTが肯定的に応じることを強化として機能させて指導を行ったことが適切行動の増加と不適切行動の減少に影響していると考えられる。これは、下山（2015）や長井ら（2018）に対し、指導開始前における感情の自己制御の実態を示したこと、適切行動と不適切行動の共変動を実証したことにおいて、その知見を一部拡張したといえる。

　これらの要因に加えて、きょうだい児であり、かつ感情の自己制御に関する指導履歴があるＢ児の参加が、Ａ児の感情の自己制御に影響したことが示唆される。BL期では、Ｂ児がペアとなったSTを応援する様子がモデルとして機能し、Ａ児の適切行動の生起を促進した可能性がある。介入期においてもＢ児がＡ児に対して、「大丈夫だよ」と励ます様子もみられた。これらの様子から、きょうだい児の参加が、適切行動の増加にポジティブな影響を及ぼした可能性がある。その一方で、ネガティブな側面として、Ｂ児が高得点をとったり、速いタイムでゴールしたりする（「相手チームがいい点をとる」）と、それらを先行事象として不適切行動が生じることがあった。また、「Ｂ児にキツい言葉を言われる」ことを先行事象とし

て、不適切行動が生起することもあった。しかしながら、日常の姉弟間で生じている随伴性が指導場面で出現しているとも捉えることができ、その随伴性を指導場面で検討することにより、日常場面での姉弟間のポジティブな社会的相互作用の増加へとつなげられる可能性がある。

　本研究の知見は以下の点において制限があり、今後の課題でもある。第一に、ゲームの選定やその時間、Ｂ児の存在などの要因を十分に統制できなかった。例えば、ゲーム時間は最小240秒から最大1520秒まで幅広く、生起率に影響を与えたことが示唆される。今後の研究ではこれらの要因を統制、あるいは条件に組み込んで実施し、本研究で示唆された指導手続きの有効性を確かめる必要がある。第二に、本研究の対象児は1名であった。Ａ児と同程度の感情の自己制御能力を有する児童を対象に追試し、効果が得られるかを検討すべきである。第三に、指導法が学校や家庭での遊びや学習といった他の場面に適用可能かどうかを検討する必要がある。以上に挙げた課題があるものの、本研究はASD児がチームでゲームに取り組むといった、他者とのかかわりを要する場面における適切行動の促進が感情の自己制御にポジティブな影響をもたらすことを示唆した点は意義があると考えられる。

謝辞：本研究にご協力いただきましたＡ児ならびに保護者の方々に深く感謝申し上げます。本研究の実施に際し、池田遥香氏の協力を得た。記して感謝申し上げます。

〈文　献〉

安達　潤・井上雅彦・内山登紀夫他（2013）親面接式自閉スペクトラム症評定尺度テキスト改訂版．スペクトラム出版社．

Attwood, T.（2008）怒りのコントロール―アスペルガー症候群のある子どものための認知行動療法プログラム．明石書店．

平澤紀子（2003）積極的行動支援の最近の動向―日常場面の効果的な支援の観点から．特殊教育学研究, 41, 37-43.

柏木恵子（1988）幼児期における「自己」の発達―行動の自己制御機能を中心に．東京大学出版会．

片桐正敏（2018）自閉スペクトラム症のある子どもの自己制御の支援．森口佑介（編著）自己制御の発達と支援．金子書房, pp.78-96.

小島道生・池田由紀江・菅野　敦他（1999）ダウン症児の自己制御機能の発達に関する研究．心身障害学

研究 , 23, 27-36.

Laurent, A. C. & Gorman, K.（2018）Development of emotion self-regulation among young children with autism spectrum disorders: The role of parents. Journal of Autism and Developmental Disorders, 48, 1249-1260.

Miltenberger, R. G.（2001）Behavior Modification: Principles and Procedures. Wadsworth Pub Co.（園山繁樹・野呂文行・渡部匡隆他訳（2006）行動契約法入門. 二瓶社 , pp.57-78.）

長井　萌・朝岡寛史・藤本夏美他（2018）自閉スペクトラム症児の感情の自己コントロール―集団ゲーム場面での対処行動の指導とフィードバックを用いて. 日本行動分析学会第 36 回年次大会論文集 , 52.

岡村章司・渡部匡隆（2014）広汎性発達障害のある生徒の暴力場面の振り返りを促す支援方法の検討. 特殊教育学研究 , 52, 191-203.

佐囲東彰（2017）自閉症スペクトラム障害のある幼児の不規則発言の減少と適切行動の増加. 上越教育大学特別支援教育実践研究センター紀要 , 23, 49-56.

下山真衣（2015）自閉症スペクトラムの子どもに対するゲームに負けたときの怒りマネジメントプログラムの効果. 自閉症スペクトラム研究 , 12, 45-51.

白井佐和・武蔵博文（2010）広汎性発達障害児を対象としたソーシャルスキルトレーニングの効果―怒りに対する感情理解および感情のコントロール. 香川大学教育実践総合研究 , 21, 35-36.

塚本伸一（1997）子どもの自己感情とその自己統制の認知に関する発達的研究. 心理学研究 , 68, 111-119.

The Japanese Journal of Autistic Spectrum 2020, Vol.18-1, 61-65

実践報告

知的障害を伴う自閉スペクトラム症の高等部生徒における職業行動の向上
──TTAP アセスメントに基づいた作業学習における構造化の指導──

Improvement of vocational behaviors of a high school student with intellectual disability and autism spectrum disorder: Structured teaching based on TEACCH Transition Assessment Profile (TTAP) in vocational education

佐々木　敏幸（東京都立港特別支援学校）
Toshiyuki Sasaki（*Tokyo Metropolitan Minato Special Support School*）

小野島　昂洋（早稲田大学大学院教育学研究科）
Takahiro Onoshima（*Graduate School of Education, Waseda University*）

縄岡　好晴（大妻女子大学）
Kousei Nawaoka（*Otsuma Women's University*）

■要旨：本研究は、知的障害特別支援学校高等部 2 年に在籍する重度の知的障害のある自閉スペクトラム症の女子生徒を対象に、職業教育として実施する作業学習において、ソフトスキルの向上を目的に介入を行った報告である。指導では、TEACCH Transition Assessment Profile（TTAP）のフォーマルアセスメントの結果に基づき、認知の特性や強みを確認し、構造化による環境設定を行った。その結果、見通しをもって作業へ従事することができるようになり、TTAP フォーマルアセスメントの学校／事業所尺度の「職業行動」において、多くの項目で行動の改善が確認された。近年、職業教育を重視した教育課程を編成する知的障害特別支援学校においての、移行期における教育的支援として、ソフトスキルを重視した職業教育の重要性が示唆された。

■キーワード：ASD、TTAP、作業学習

Ⅰ．問題の所在および目的

　自閉スペクトラム症（以下 ASD）の人にとって、働くことは、生活の質の向上につながるとする報告がこれまでになされている（Walsh et al., 2014）。成人期の就労を見据えた ASD 者への移行期の支援においては、学齢期からの職業教育の充実が欠かせない。東京都においても、企業就労における数値目標の設定や、職能開発科の増設など、職業教育の充実を急速に進めている（東京都教育委員会, 2017）。

　梅永（2017）によると、米国ノースカロライナ大学 TEACCH 部の過去数十年の調査では、ハードスキルの問題で離職した者よりもソフトスキルの問題で離職した者が多く、その割合は 80％以上とされる。ソフトスキルとは、日常生活や対人関係のスキルなど仕事そのもの以外のスキルであり、ASD 生徒の就労支援では特に重要である。

　TEACCH 部で開発された TEACCH Transition Assessment Profile（以下 TTAP）は、ASD 児者に特化した学校から成人生活への移行アセスメントであり、ソフトスキルの側面を評価する点に特徴がある。中でも「職業行動」領域は、自立して働く能力や修正へ適切に応じる能力、援助要求等の職業に関係する適応行動を評価することができる（Mesibov et al., 2007）。

　また、TTAP ではアセスメントの結果に、どのような支援方略（構造化）が有効かについての情報も含まれる。結果から、習得される可能性が高い領域を見出して具体的な指導の手だてへつなげやすく、近年、

特別支援学校における活用事例も報告されている（小野島・梅永，2019）。

　以上を背景に、本研究では知的障害特別支援学校に在籍するASD生徒の職業行動の向上を目標に行った指導について報告する。特に、TTAPのアセスメントを基に構造化による環境を設定し、毎週2日間ある作業学習の時間における指導を通じて、職業行動の変容とそれを導く指導内容について報告する。

Ⅱ．方　法

1．対象者

　知的障害特別支援学校高等部（指導開始時は2年生）に所属の女子生徒、マミ（仮名）。知的障害を伴うASDの診断があり、重度区分の療育手帳を所持している。

　マミは、地域にある小学校の特別支援学級から、同校小学部へ転入してきた。また、中学部へ進学した際は自閉症学級に在籍した。平仮名による個別のスケジュールを日常的に活用し、情報の保持に課題があったため特定の場面で文字による指示書を活用するなど、特性に合わせた支援を受けてきた生活経験を有している。家族構成は、対象生徒、父、母の3人家族であり、家庭内では大きな行動上の問題は見られず、担任からは「愛情たっぷりに育てられている」という報告があった。保護者は、「将来的には（支援者から）支援を受けながら自分らしく生きていって欲しい」という願いがあり、挨拶など他者へ感謝を伝えるためのスキル向上を望んでいた。日常生活スキルは、排泄、歯磨き、着替えなど概ね自立していたものの、注意が他に向きやすく、行動が滞ってしまうことがあるため見守りが必要であった。

　行動の特徴として多動かつ常同行動が散見され、不安が強い場面や体調不良時には、それらがより顕著な状態で現れた。また、対人的に適切な距離をとることが難しく、日常的に身近な支援者の肩へ手を回すなどの身体接触による関わりを求める様子があった。授業時に言語だけで指示されると、語尾の単語を繰り返し何度も聞き返すような確認行動がみられた。同年代の生徒集団においては、日常生活の場面で他者と関わりをもとうとする様子はほとんど見られなかった。

　受容コミュニケーションは、一斉指導場面での口頭による指示理解が難しく、集団の学習場面ではエコラリアや常同行動が頻出した。表出コミュニケーション

では、要求のための単語レベルの発語があり、身近な支援者と言葉による日常の意思疎通が可能であった。漢字検定10級に合格しており、小学校1年生程度の文字は理解し、文字による二語文程度の指示で行動の修正が可能であった。

　介入初期にTTAPのフォーマルアセスメントの直接観察尺度の一部および学校／事業所尺度・家庭尺度を実施し、その結果から分かったこと及び支援の方略を表1にまとめた。結果からは学習環境の設定において、具体物同士のマッチング、絵や写真と具体物のマッチングのスキルを活かした構造化が効果的であることが示唆された。

2．指導期間

　20XX年9月から20XX＋1年7月の11カ月間指導を行った。毎週の時程上の「作業学習」2日、計6コマ270分の時間を用い、福祉就労の作業場面を想定し、リサイクル・コースの古紙再生部門で模擬的な実習場面を設定し指導を行った。

3．倫理的配慮

　研究開始時に、保護者へ研究の概要、学会での発表および学会誌への投稿に関して口頭で説明し、インフォームド・コンセントを得た。研究終了後、保護者に成果公開の許可申請を行い、書面で同意を得た。

　また、対象生徒の在籍する学校の個人情報の管理規定に則り、学校長より書面で許可を得た。

4．指導・支援の実際
（1）作業内容の設定

　TTAP直接観察尺度の結果において、「職業スキル」領域の「1：分類作業」が合格、「5：数字カードの分類と束ね合わせ」が芽生えであったことから、メモ帳製作班の「紙束作り」の作業内容を設定した。10枚の紙を束にしてクリップで留め、所定の場所へ収納する設定とした。

（2）構造化による支援

　物理的構造化：活動内容と活動場所が一対一対応するように「紙を10枚並べる場」と「10枚をクリップで止めて収納する場」を分けて設定した（図1）。「収納の場」から「並べる場」へと戻る行動を支援するためにトランジッション・カードを用いた（図1A）。トランジッション・カードにはアセスメントの結果を参考にして対象生徒の顔写真を用いた。束にした紙を収納し終えるたびにトランジッション・カードを1枚

表 1　根拠となるアセスメント（TTAP）及び支援の方略

マッチングスキル	TTAP フォーマルアセスメント 直接観察尺度	P	E	F	支援の方略
具体物の同じものどうし（1,2）	言語指示ではエラーとなるため、モデリングにより視覚的に手本を示すことで三施行目以降から問題なくできた。指示は視覚的に示す必要があると考えられる。	✓			新規の活動は、音声言語による指示を減らし、モデリング（同時モデル）による教示から開始する。視覚的指示を用い、ルーティンとしての活動の定着を図る。
絵・写真と具体物の同じものどうし（3）	提示した物品全てを自身で並べ換えられており、視覚的指示による理解が有効だと考えられた。	✓			作業工程の教示や活動場所の指示には、形状や大きさなど具体的な写真・絵による視覚的な指示書を用いる。
	同じもの同士を同じケースに入れられており、枠組みの設定として視覚的組織化が有効であると考えられる。				終点を示す容器など、活動ごとに具体的な枠組みを設定する。JIG や容器を用い、活動全体の始点と終点を視覚的に明確に示す。
写真と具体物（11）	写真と対応する具体物を全て提示する。言語指示によるエラーがあったため、モデリングによる修正を行うことで三施行目からはできた。1 対 1 対応が理解しやすいと考えられる。			✓	作業工程ごとに別の作業場を設定し、各環境へ写真による活動内容の指示書を設置した。収納から仕分けへ戻る移行行動を自立させるため、収納側へ移行回数と同数の顔写真カードと、仕分け側へ同顔写真を入れるポケットを設置する。
文字と具体物（11）	文字の指示書と対応する具体物を全て提示することで、三施行目からはできた。平仮名による単語程度の視覚的指示であれば理解が可能であると考えられる。			✓	写真の指示書へ、平仮名による指示言語を入れ、教示の際に指差しなどで活動内容の確認を行い、理解を促す。また、次に何をするか分からなくなった時のプロンプトとして指差しで示す。
数字 1 〜 3 の同じものどうし（5）	活動を理解すると、同じ数字（1 〜 3）で弁別することができた。言語指示、指差しでエラーがあり、手添えによる教示を行った後、全てのカードを手に持って並べられた。数量の認識は確実でないが、JIG を用い、ルーティンにすることで達成できると考えられる。			✓	ジョブマッチングの観点から、紙の 10 枚束の作業へ担当を変更する。確実ではない数量の理解の支援として、分類及び収納作業へ JIG や容器を設置する。10 行程分の移行行動用の顔写真カードを用い、紙束ね作業と往復する数が一致するように視覚的な環境設定を行い、数量の理解の困難を助ける設定をする。

注：（）内の数字は TTAP 直接観察尺度における検査項目番号／P（合格）・E（芽生え）・F（不合格）

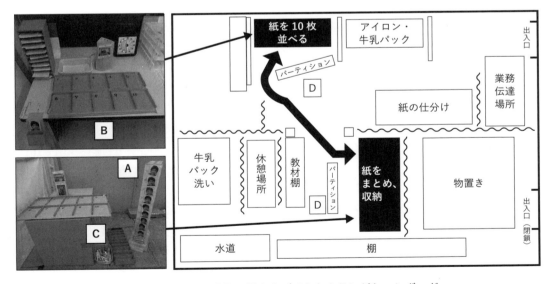

図 1　指導場面の見取り図および JIG とトランジションボード

表2　指導前後の職業行動の変化

職業行動の項目	指導前	指導後
157　堅実に働く	E	P
158　一定の割合で働く	E	P
159　正確に課題を完成させる	E	P
160　作業中に関心事を自制する	F	P
161　器物，規則，規範などを尊重する	F	P
162　他人の近くで働く	F	P
163　監督者を認識する	P	P
164　作業効率をあげるために道具を整理する	E	E
165　作業場での作業中に自立して次の作業に移ることができる	F	P
166　次の活動や作業へ移る際に適切に振舞う	F	P
167　指示に従い適切に間違いを修正する	P	P
168　ルーチンの変化に適応する	E	P

注：P（合格）・E（芽生え）・F（不合格）

取らせ、紙を並べる場に設置してある同じ写真のついたポケットへ入れさせるようにすることで、次に移動するべき場所を明確にした。

　視覚的構造化：作業内容を明確にするため、写真と文字による指示書を設置し、並べる枚数を明確にするための JIG を用意した（図1B）。また、総作業量を明確に示すため、紙の束を全10工程分収納できる JIG を設置するとともに（図1C）、場の移動の支援に用いたトランジッションカードの枚数も10工程分を示す10枚にすることで、JIG が全て埋まりトランジッション・カードが無くなったら作業が終了であることを理解できるようにした。すべての工程の終了後には、カードが貼ってあるボード最下部の「できました」カードを取って教師に渡し、休憩に移行する設定とした。

　その他の環境設定：視覚的な刺激を減らすため、窓はカーテンを全面的に閉め、水場の鏡は外した。また、作業に用いる用具と関係のない刺激を遮る目的でパーティションを活用した（図1D）。パーティションは、移動する際の導線の整理をするため、また、対象物を視野に入れやすい立ち位置を適切に保つために設置した。また、休憩場所を別に設けた。

（3）指導の手続き

　構造化による視覚的な手がかりを基に、教師からの指示がなくてもマミが自立して作業へ取り組めるように指導を行った。具体的には、言語による働きかけを控え、理解できず行動が停止したり、常同行動が継続したりする状態になったら、10秒経過後に「次は？」と言葉かけを行い、改善しない場合は、さらに10秒

経過後に指差しで次の行動を示した。それでも状況の改善がみられない場合は、手添えなどの身体プロンプトによって行動の修正を行い、自立した学習行動を形成できるように指導を行った。

（4）指導の評価

　本研究では職業行動の変容に焦点を当てるため、TTAP フォーマルアセスメントにおける学校／事業所尺度の職業行動の12項目を指導開始以前と指導終了時に評価し、その変化を比較した。

Ⅲ．結　果

　指導開始以前と指導終了時に実施した TTAP 学校／事業所尺度の職業行動の結果を表2に示した。職業行動の12項目の内、9項目において向上が見られた。具体的には、不合格から合格へと変化した項目が「160：作業中に関心事を自制する」「161：器物、規則、規範などを尊重する」「162：他人の近くで働く」であり、芽生えから合格に変化した項目が「157：堅実に働く」「158：一定の割合で働く」「159：正確に課題を完成させる」「165：作業場での作業中に自立して次の作業に移ることができる」「166：次の活動や作業に移る際に適切に振舞うことができる」「168：ルーチンの変化に適応する」であった。「163：監督者を認識する」と「164：作業効率をあげるために道具を整理する」の項目では、指導前後での変化はなかった。

Ⅳ. 考　察

　本研究の目的は、ASD 生徒のソフトスキル面における職業行動の向上を目指し、構造化による環境を設定し、その変容を報告することであった。表 2 が示すように、構造化による環境設定により、職業行動の多くの項目において変容が見られた。ここでは、構造化による支援の内容と行動の変化の関連を論じる。

　項目 160、161、162 が不合格から合格となった要因は、カーテンやパーティションを用いて環境にある視覚的な刺激の統制を図ったことにある。物理的構造化によって、作業時の立ち位置や導線が整理され、視線や視野を作業へ向かえるように限定したことで、対象へ意識を向け集中し易い設定ができたと考えられる。

　項目 157、158、159、165、166、168 が芽生えから合格になった要因は、紙を並べる作業及び収納の作業で、JIG の活用によって数量を視覚的に理解することができたからだと考えられる。また、トランジッション・カードが、次の作業の場所へと戻るための移動を支援するとともに、1 工程を終える毎にカードが 1 枚ずつ減っていくことで、全工程の終わり（終点）を明確にし、見通しをもつことを助けることに繋がったものと考えられる。

　特に項目 159 の「正確に課題を完成させる」には、紙を 10 束収納した後に「できました」カードで報告する行動の定着が該当する。紙束と同じ大きさにした 10 列の枠に、束ごと挿入できる JIG を用いることにより、正確な作業遂行へ繋がったと考えられる。

　以上をまとめると、視覚的な情報処理という ASD 児者の強みを生かす環境設定を行うことで、マミが適切に作業へ従事できるためのスキル向上へ繋がったものと考えられる。また、常同行動の背景にある、指示理解の難しさや環境で求められていることへの理解困難について、視覚的な手がかりを充実させることによって軽減し、適切な学習行動を形成することに繋がったと考えられる。よって、アセスメントに基づき、特性や強みを明確にした環境設定として、構造化による指導を行うことで適応行動を増やすことができると考える。

　最後に本研究の課題を 1 点述べる。それは、卒業後の移行先である事業所への引き継ぎの不十分さである。本研究では、対象生徒の特性に応じた環境設定を行うことで職業行動の向上が見られたが、それが高等部卒業後の地域生活において維持・般化されているかは検討できていない。今後は，学校内で構造化による支援を通じて見出すことができた行動の変化が、卒業後も維持・般化されているかどうかを検討するとともに、円滑な移行のために必要な支援を拡充していくことが必要であろう。一貫性のある支援を継続させるための移行支援には、アセスメントの情報や有効であった支援を引き継ぐための個別の移行支援計画を充実させることや、教員と現場実習や就労先である事業所との情報共有の機会を確保することが考えられる。こうした取り組みの積み重ねが、移行期における教育的支援として、ソフトスキルを重視した職業教育の質の向上に繋がると考える。

付記：本実践研究に御協力いただいた対象生徒と保護者様、御指導頂いた梅永雄二先生へ深く感謝申し上げます。

〈文　献〉

Mesibov, G., Thomas, J. B., Chapman, S. M. et al. (2007) TTAP TEACCH Transition Assessment Profile. PRO-ED. (梅永雄二監修 (2010) 自閉症スペクトラムの移行アセスメントプロフィール―TTAP の実際. 川島書店.)

小野島昂洋・梅永雄二 (2019) TTAP を活用した自閉スペクトラム症児へのソフトスキルの指導. 自閉症スペクトラム研究, 16(2), 33-37.

東京都教育委員会 (2017) 東京都特別支援教育推進計画（第二期）・第一次計画. http://www.kyoiku.metro.tokyo.jp/administration/action_and_budget/plan/special_needs_school/practice_plan1.html

梅永雄二 (2017) 発達障害者の就労上の困難性と具体的対策―ASD 者を中心に. 日本労働研究雑誌, 59(8), 57-68.

Walsh, L., Lydon, S. & Healy, O. (2014) Employment and vocational skills among individuals with autism spectrum disorder: Predictors, impact, and Interventions. Review Journal of Autism and Developmental Disorders, 1(4), 266-275.

The Japanese Journal of Autistic Spectrum 2020, Vol.18-1, 67-73

調査報告

自閉症支援施設の入所者に対する生活支援員の配慮

Consideration for support-workers in residential facilities for autistic people

松山　郁夫（佐賀大学教育学部）

Ikuo Matsuyama（*Saga University Faculty of Education*）

■要旨：自閉症支援施設において、生活支援員は入所している自閉症者に対してさまざまな配慮をしながら支援をしている。自閉症者への接し方に対する生活支援員の認識を明らかにすれば、生活の質を高める支援に繋がるものと考えられる。このため、本研究の目的は、自閉症支援施設の生活支援員における自閉症者への接し方に対する認識を明らかにすることである。生活支援員を対象として、自閉症者へ接するときに配慮していることに対して意識する度合いを問う、独自の質問を記載した質問紙調査票による調査を実施した。得られた404名からの有効回答を分析した結果、第1因子「気持ちを受けとめる配慮」、第2因子「理解できるように伝える配慮」、第3因子「社会性を高める配慮」、第4因子「興味のあることを楽しめる配慮」、第5因子「社会的活動を学べる配慮」が抽出された。これらは生活支援員が自閉症者に対して接する際の視点であること等が考察された。

■キーワード：自閉症者、配慮、生活支援員

Ⅰ．問題の所在と目的

アメリカ精神医学会の「精神疾患の分類と診断の手引き第5版」（Diagnostic and Statistical Manual of Mental Disorders, 5th edition: DSM-5）では、自閉スペクトラム症（以下、自閉症と記述する）について、「社会的コミュニケーションと社会的相互作用における持続的な欠損」と「行動、興味、活動の限局的かつ反復的なパターン」の障害特性を持つ神経発達障害としている（APA, 2013）。自閉症は、社会性とコミュニケーションスキルにおける機能障害、および制限された繰り返された行動によって特徴づけられている。

そのような障害特性があったとしても、自閉症のある学齢児に対するケース研究において、他者との関係性が学ぶ意欲を高め興味関心を広げ（城間・浦崎, 2018）、その子らしい生きる力を生み出す（浦崎・武田, 2015）ことで、社会性を高める重要性が指摘されている。

また、自閉症の社会コミュニケーション、情動調整の能力を支援する包括的・学際的アプローチであるSCERTSモデルでは、日々の活動において他者とのコミュニケーションをとりながら、社会的関係の中で楽しみや喜びを共有する社会コミュニケーション、活動や状況の中の最も重要な情報に注意を向ける等の学習可能な状態になるような情動調整、および複数の活動やパートナーにわたった交流型支援を重視している（Prizant et al., 2006）。

これらより、自閉症者の社会適応を促すには、発達的視点から対人交流や社会性の向上を図っていく支援を重視する必要があると考えられる。

自閉症者の療育を行っている社会福祉施設として、旧知的障害者福祉法による「知的障害者更生施設（入所）」から移行した障害者支援施設がある。以降、全国自閉症者施設協議会に加盟している入所タイプの障害者支援施設を「自閉症支援施設」と記述する。

この施設は、障害者の日常生活及び社会生活を総合的に支援するための法律（障害者総合支援法）第5条の11では「障害者につき、施設入所支援を行うとともに、施設入所支援以外の施設障害福祉サービスを行う施設」と規定されている。夜間から早朝にかけては「施設入所支援」、昼間は「生活介護」等の「日中活動系サービス（昼間実施サービス）」を行っている。なお、児童福祉法では18歳未満を児童と規定しているが、自閉症支援施設では15歳から利用できる。そのため、利用者の一部に自閉症のある15歳から17歳ま

での児童が在籍しているが、本稿では「自閉症者」と表記する。

特別支援教育においては、自閉症の特性に応じた支援が、物理的環境の調整や補助的手段の活用によって、行動を統制し変容させることに向かってはいけない（早川，2010）。児童精神科医の視点から、自閉症への支援はその全人間像を総合的に捉え、接近していくものである（村田，2016）と言及されてある。これらより、自閉症者への支援では、支援者との信頼関係を築きながら、コミュニケーションが成立するように働きかけ、社会性を高めていくことを重視する必要があると考えられる。

また、自閉症支援施設の生活支援員は、入所する自閉症者の生活全般に対して広く目を向け、心理状態、日常生活技能、社会適応技能の各側面から捉えようとしている（松山，2012）。さらに、生活支援員は日常生活や社会生活における理解を増やしながら、情緒の安定を図り、社会適応力を高める支援を心がけている（松山，2015）。これらより、生活支援員における自閉症者の日常生活に対する適応の状況、およびより適応した生活に向けた支援の視点が示唆されている。

しかしながら、自閉症支援施設において、生活支援員が自閉症者に対して、具体的にどのような配慮をしながら接しているのかが明らかにされていない。これを検討すれば、自閉症者へのより適切な接し方について深慮することに繋がると考えられる。このため、本研究の目的は、自閉症支援施設の生活支援員における自閉症者への接し方に対する認識を明らかにすることである。

Ⅱ．方法

1．調査対象と調査項目

本研究では、自閉症者を支援する自閉症支援施設の生活支援員を対象として、自閉症者へ接するときに配慮していることについて意識する度合いを問う、独自の質問を記載した質問紙調査票による調査を実施した。

調査対象は、全国自閉症者施設協議会に加盟している入所タイプの自閉症支援施設において、自閉症者の生活支援を行っている生活支援員とした。

無記名で独自に作成した質問紙調査票を配布し、回収した。合計457名から回収された。それらのうち、入所施設において生活支援員として自閉症に関わった

年数が1年以上あり、主に関わっている対象者が知的障害のある青年期と成人期にある自閉症で、かつ全質問項目に回答している404名の質問紙調査票を有効回答とした（有効回答率88.4%）。同時に分析対象とした。

調査項目には、回答者のプロフィールに関する性別、年齢、職種、自閉症に関わった年数、支援している対象者のライフステージと障害種類、所属する施設の種類を付記した。

分析対象者のプロフィールについては、男性220名（54.5%）、女性184名（45.5%）、年齢は20歳から69歳で平均年齢35.6歳（SD 11.0）、職種は生活支援員404名（100.0%）、自閉症に関わった年数は1年から30年で、平均7.3年（SD 6.0）であった。

複数回答がなされた項目については次の通りで、分析対象者数で除してパーセンテージを算出した。各生活支援員が支援している対象者のライフステージは、児童（15歳以上から18未満）13名（3.2%）、成人（18歳以上から65歳未満）364名（90.1%）、高齢者（65歳以上）76名（18.8%）、障害種類は知的障害404名（100.0%）、自閉症404名（100.0%）、アスペルガー障害67名（16.6%）、その他16名（4.0%）であった。

2．調査期間と調査方法

調査期間は、平成29年1月17日より同年3月17日までの約2カ月間とした。

調査方法は、全国自閉症者施設協議会に加盟している入所タイプの自閉症支援施設70カ所全てに、独自に作成した質問紙調査票を郵送で各20部配布し回収する方法にて実施した。28カ所（送付した施設の40.0%）から回答が得られ、回収率は28.9%であった。

倫理的配慮として、質問紙調査票を郵送した自閉症者を支援する自閉症支援施設の施設長および生活支援員に対して、書面にて本研究の目的、内容、結果の公表方法、協力は任意であること、回答への記入は無記名で行うこと、回答は個人を特定できないようにすべて数値化して集計するため、施設名は一切出ないこと等を説明し、同意を得られた場合のみ回答を依頼した。回答をもって承諾が得られたこととした。

3．調査期間と調査方法

本研究で使用する質問紙調査票の作成にあたっては、自閉症支援施設の生活支援員10名に対して、配布した質問紙調査票に書いてある「普段、自閉症支援施設において生活する自閉症者に接する際、どのよう

な配慮をしていますか？　思いつく範囲で箇条書きに
より、記入してください。」との文章を読み、その後、
同票の欄に記入してもらった。得られた回答のうち複
数回答のあった内容をすべて使用して、40 項目の質
問項目を作成した。

　その際の作成例として、「笑顔で接するように心が
けている」「接するときには笑顔を心がけている」の
回答を「1. 笑顔で接する」、「気持ちを推し量るよう
にしている」と「どのような気持ちなのか察するよう
にしている」の回答を「2. 気持ちを察する」とした。
自閉症者の生活を支援する際、各ケースの状態に応じ
てきめ細かく行われるような配慮が求められるため、
回答に含まれている意味内容を大きく括らないように
注意しながら質問項目を作成した。

　自閉症者へ接するときに配慮していることについて
意識する度合いを問う独自の 40 項目の質問項目にお
ける回答は、「まったく気にしていない」（1 点）、「あ
まり気にしていない」（2 点）、「どちらとも言えない」
（3 点）、「ある程度気にしている」（4 点）、「かなり気
にしている」（5 点）までの 5 段階評価とした。なお、
各質問項目について、等間隔に並べた 1 から 5 までの
数字のうち、あてはまる数字に○を付けるようにし
た。

4．分析方法

　以上の質問項目への回答に対する分析方法として、
各質問項目の平均値と標準偏差を算出した。次に、各
質問項目について Promax 回転を伴う主因子法による
因子分析を行った。また、因子分析によって得られ
た各因子の下位尺度に相当する項目の平均値を求め
た。その際、因子ごとの項目数が異なるため、算出さ
れた平均値を項目数で除したものを平均値として示し
た。さらに、各因子の下位尺度に相当する項目の平均
値を用いて、各因子間で平均値に差があるかどうかを
検討するために、対応がある場合の一元配置分散分析
を行った。その後の多重比較については、最小有意差
（LSD）法を使用した。加えて、各因子の Cronbach
の α 係数を求め、各因子別、及び全体としての内的一
貫性を有するかどうかの検証も行った。なお、統計処
理には、IBM SPSS Statistics 22 を使用した。

Ⅲ．結　果

　自閉症者へ接するときに配慮していることについて

表 1　自閉症者への接し方に関する質問項目における
平均値・標準偏差

質問項目	平均値	標準偏差
1.　笑顔で接する	4.18	.806
2.　気持ちを察する	4.48	.620
3.　集団活動への参加を促す	3.19	1.029
4.　受容的な態度で接する	4.09	.768
5.　関心のあることを話題にする	3.91	.863
6.　気分転換を図る	4.14	.693
7.　危険なことを知らせる	4.39	.708
8.　意思決定を促す	4.09	.716
9.　不安を軽減する	4.40	.670
10.　場面への参加を促す	3.64	.844
11.　自主性を尊重する	4.15	.687
12.　できたことを褒める	4.56	.626
13.　気持ちを代弁する	4.02	.780
14.　コミュニケーションをとる	4.28	.737
15.　穏やかに働きかける	4.31	.692
16.　わかるように伝える	4.53	.639
17.　意思を尊重する	4.38	.667
18.　作業等において満足感を持たせる	3.87	.870
19.　社会的ルールを知らせる	3.72	.861
20.　「○○します」と肯定形で話す	3.91	.853
21.　具体的に伝える	4.16	.808
22.　気持ちを受容する	4.25	.669
23.　調子が悪い時は見守る	4.36	.731
24.　目線を合わせながら話す	3.91	.954
25.　はっきりとした口調で話す	4.07	.848
26.　短い言葉で話しかける	4.19	.811
27.　落ち着いた表情で話しかける	4.29	.754
28.　しっかりと話を聞く	4.20	.798
29.　納得できるように話す	4.09	.835
30.　簡潔に伝える	4.26	.771
31.　気持ちに応じた対応をする	4.20	.733
32.　作業等において達成感を持たせる	3.86	.881
33.　身振りを入れて伝える	3.80	.901
34.　「○○してはいけません」と否定形で話す	2.93	1.075
35.　周囲の状況を理解できるように伝える	3.66	.891
36.　社会参加ができるように配慮する	3.39	.948
37.　レクリエーションを楽しむ	3.73	.927
38.　意思を確認する	4.15	.703
39.　趣味を楽しむ	3.90	.783
40.　できなくても頑張ったことを評価する	4.18	.759

n = 404

意識する度合いを問う独自の 40 項目の質問項目につ
いて、各項目の平均値・標準偏差は表 1 の通りであっ
た。平均値の最小値は 2.93（*SD* 1.075）「34.「○○し

表2　自閉症者への接し方に関する質問項目における因子分析結果

質問項目	第1因子	第2因子	第3因子	第4因子	第5因子
第1因子「気持ちを受けとめる配慮」					
2. 気持ちを察する	.931	.063	.045	.174	.012
15. 穏やかに働きかける	.734	.023	.044	.025	.010
12. できたことを褒める	.679	.032	.021	.019	.097
9. 不安を軽減する	.628	.072	.092	.007	.153
1. 笑顔で接する	.586	.119	.256	.066	.024
4. 受容的な態度で接する	.582	.037	.126	.019	.121
22. 気持ちを受容する	.560	.247	.030	.061	.113
17. 意思を尊重する	.541	.159	.142	.134	.093
23. 調子が悪い時は見守る	.525	.103	.060	.124	.184
14. コミュニケーションをとる	.514	.190	.355	.026	.136
11. 自主性を尊重する	.479	.019	.050	.190	.168
13. 気持ちを代弁する	.453	.019	.256	.037	.107
8. 意思決定を促す	.435	.063	.037	.174	.108
16. わかるように伝える	.427	.387	.236	.016	.164
第2因子「理解できるように伝える配慮」					
26. 短い言葉で話しかける	.121	.823	.113	.021	.132
30. 簡潔に伝える	.086	.818	.239	.044	.226
27. 落ち着いた表情で話しかける	.189	.734	.016	.173	.046
25. はっきりとした口調で話す	.012	.584	.407	.065	.157
29. 納得できるように話す	.093	.536	.115	.102	.050
28. しっかりと話を聞く	.187	.526	.094	.032	.013
21. 具体的に伝える	.112	.456	.005	.021	.186
第3因子「社会性を高める配慮」					
3. 集団活動への参加を促す	.004	.171	.792	.106	.246
10. 場面への参加を促す	.013	.031	.624	.014	.319
24. 目線を合わせながら話す	.075	.169	.562	.023	.149
34. 「○○してはいけません」と否定形で話す	.066	.105	.508	.029	.056
第4因子「興味のあることを楽しめる配慮」					
39. 趣味を楽しむ	.000	.007	.160	.765	.020
37. レクリエーションを楽しむ	.049	.179	.306	.673	.005
38. 意思を確認する	.290	.066	.031	.548	.091
36. 社会参加ができるように配慮する	.196	.025	.267	.526	.302
40. できなくても頑張ったことを評価する	.292	.038	.013	.424	.041
第5因子「社会的活動を学べる配慮」					
18. 作業等において満足感を持たせる	.235	.215	.191	.079	.518
32. 作業等において達成感を持たせる	.027	.331	.175	.065	.474
19. 社会的ルールを知らせる	.157	.154	.369	.121	.457

てはいけません」と否定形で話す」で、この項目以外は3点台（13項目：32.5％）か4点台（26項目：65.0％）であった。最大値は4.56（SD .626）「12. できたことを褒める」であった。これら40項目について、Kaiser-Meyer-Olkin の標本妥当性の測度は0.95であった。また、Bartlett の球面性検定では有意性が認められた（近似カイ2乗値 8545.106 $p<.01$）。このため、40項目については因子分析を行うのに適していると判断した。

これら40項目に対して主因子法による因子分析を行った。固有値の変化は 14.92, 2.57, 1.76, 1.37, 1.21, 1.05, 1.00……というものであり、スクリープロットの結果からも5因子構造が妥当であると考えられた。そこで、5因子を仮定して主因子法・Promax 回転による因子分析を行った。

十分な因子負荷量を示さなかった6項目を除外して、主因子法・Promax 回転による因子分析を行った。その結果、1項目が十分な因子負荷量を示さなかったため、これを除外して、再度、主因子法・Promax 回転による因子分析を行った。Promax 回転後の因子パ

ターンは表2の通りであった。回転前の5因子で33項目の全分散を説明する割合は57.90％であった。なお、これら33項目について、Kaiser-Meyer-Olkin の標本妥当性の測度は0.94であった。また、Bartlett の球面性検定では有意性が認められた（近似カイ2乗値7016.185 $p<.01$）。

各因子の Cronbach の a 係数を求めたところ、第1因子に関しては0.91、第2因子に関しては0.87、第3因子に関しては0.69、第4因子に関しては0.80、第5因子に関しては0.80であり、全項目で0.94との値を示したことから、各因子別に見ても全体としても、内的一貫性を有すると判断された。

第1因子は「2. 気持ちを察する」「15. 穏やかに働きかける」「12. できたことを褒める」等、主として、気持を捉えることを重視した内容であったため、「気持ちを受けとめる配慮」と名づけた。

第2因子は「26. 短い言葉で話しかける」「30. 簡潔に伝える」「27. 落ち着いた表情で話しかける」等、主として、わかりやすく働きかけることを重視した内容であったため、「理解できるように伝える配慮」と名づけた。

第3因子は「3. 集団活動への参加を促す」「10. 場面への参加を促す」等、主として、社会性を高めていくことを重視した内容であったため、「社会性を高める配慮」と名づけた。

第4因子は「39. 趣味を楽しむ」「37. レクリエーションを楽しむ」等、主として、興味のあることを楽しめることを重視した内容であったため、「興味のあることを楽しめる配慮」と名づけた。

第5因子は「18. 作業等において満足感を持たせる」「32. 作業等において達成感を持たせる」等、主として、社会的活動について体験から通して学ぶことを重視する内容であったため、「社会的活動を学べる配慮」と名づけた。

因子別の平均値は、第1因子4.29（SD 0.48）、第2因子4.18（SD 0.60）、第3因子3.41（SD 0.70）、第4因子3.87（SD 0.62）、第5因子3.82（SD 0.74）であった。各因子間の平均値について対応がある場合の一元配置分散分析を行った結果、5因子の平均値間には有意差が認められた（表3）。さらに、各因子の平均値に対する多重比較の結果、5％水準で第4因子と第5因子間の平均値間には有意差が認められなかったが、それ以外の各因子間にはすべて有意差が認められた（第3因子＜第4因子、第5因子＜第2因子＜第1因子）。

表3　自閉症者への接し方に関する質問項目における分散分析の結果

区分	平方和	自由度	平均平方	F 値
接し方への配慮	191.123	4	47.781	258.941 *
被調査者	514.386	403		
誤差	297.452	1612	.185	
全体	1002.961	2019		

* $p<.05$

このため、自閉症支援施設の生活支援員は、自閉症児者へ接するときに配慮していることについて、①第1因子「気持ちを受けとめる配慮」、②第2因子「理解できるように伝える配慮」、③第4因子「興味のあることを楽しめる配慮」と第5因子「社会的活動を学べる配慮」、④第3因子「社会性を高める配慮」の順に関心を向けていることが示唆された。

Ⅳ. 考　察

自閉症者施設では、自閉症者の不安を軽減することが求められる。自閉症の不安障害が限局された行動や常同行動に繋がる（Boulter et al., 2014）。また、不安の内容は多様（神野, 2007）とされている。そうであっても、支援者の受容的態度が社会適応を高める（村田, 2016）と指摘されている。生活支援員は自閉症者に対して接する際、その気持ちを受け止めるように心がけることで、その不安が軽減する経験をしている。そのため、第1因子「気持ちを受けとめる配慮」は、生活支援員が自閉症者の感情を受容しながら、その状態に応じた配慮をして接していることを表していると言えよう。

自閉症者には、他者の気持ちや場の雰囲気を察することが困難であるため、コミュニケーションへの支援が求められる（飯塚, 2017）。自閉症者とコミュニケーションがとれなければ、日常生活や作業への支援が難しくなる。したがって、第2因子「理解できるように伝える配慮」は、生活支援員が自閉症者の適応行為を促すために、状況に応じて理解できるように伝える配慮をしながら接していることを表していると推察される。

石井（2002）は、長く自閉症者に関わると信頼関係の確立が可能になると論じた。施設における継続的支援によって支援者と自閉症者に信頼関係が形成され、社会性を高める働きかけがなされることに繋がる。そ

のため、第3因子「社会性を高める配慮」は、生活支援員が自閉症者における他者との交流を体験し、社会性を高めていくような配慮をしながら接していることを表していると窺える。

自閉症者には、将来自ら社会参加の機会を得ていくために、興味・関心が明確になる児童期中期を過ぎると、自身の興味・関心から活動を選択するような成長発達に応じたプログラム構成が重要である（田村他, 2014）。集団参加における成功経験を積み、意欲的活動を通じて興味・関心が広がる可能性がある。社会性を高め、生活の質を向上させるには、人間関係の交流の中で、ストレングス視点から支援が求められる（松山, 2018）。自閉症者の内面のストレングスを活かし、興味や関心のあることに取り組むように働きかけると、発達や成長を促す。したがって、第4因子「興味のあることを楽しめる配慮」は、生活支援員が自閉症者に対して、興味や関心のある活動等に楽しく取り組めるような配慮をして接していることを表していると判断される。

自閉症者の興味や関心に沿った他者との交流の場では、社会的活動を体験できる支援が求められる。その際の適応行動は、個人的または社会的充足に必要な日常活動能力である（Sparrow et al., 2005）。また、自閉症者の自立を目指した支援では、日常生活習慣、余暇活動、職業に関する技能を高める必要がある（Scheuermann & Webber, 2002）。これらの見解から自閉症者の社会的活動への支援を重視すべきと考えられる。それゆえ、第5因子「社会的活動を学べる配慮」は、生活支援員が自閉症者に対して、社会的活動について学べるような配慮をしながら接していることを表しているのであろう。

自閉症者の社会性・コミュニケーション力の発達を促すには、他者との情緒的接触を体験できる環境を用意すべき（Hobson, 1993）と論及されている。さらに、その障害を軽減し、発達を促進させるには、他者との人間関係の交流を通して行動を展開させていくことが求められる（松山, 2009）。自閉症者に対する「気持ちを受けとめる配慮」は、他者とのコミュニケーションをとりながら「理解できるように伝える配慮」を心がけて接することに繋がる。他者とコミュニケーションをとることができるようになれば、その興味や関心を活かしたストレングス視点からの支援が可能になり、「興味のあることを楽しめる配慮」や「社会的活動を学べる配慮」を心がけて接することが容易になると推測される。興味のあることを楽しんだり、社会的

活動を学んだりすることができるようになれば、社会性を高めるような接し方が求められよう。したがって、生活支援員は自閉症者に対して、「気持ちを受けとめる配慮」、「理解できるように伝える配慮」、「興味のあることを楽しめる配慮」と「社会的活動を学べる配慮」、「社会性を高める配慮」の視点から、この順に関心を向けながら接しているものと考えられる。今後、これらの視点から、自閉症支援施設における自閉症者の生活の質を高める接し方を検討することが課題である。

V. 結　論

自閉症支援施設の生活支援員における自閉症者への接し方に対する認識を検討するために、自閉症者へ接するときに配慮していることに対して意識する度合を、独自に作成した質問紙調査票を用いて調査とその分析を行った。その結果、生活支援員は「気持ちを受けとめる配慮」、「理解できるように伝える配慮」、「興味のあることを楽しめる配慮」と「社会的活動を学べる配慮」、「社会性を高める配慮」の視点から、この順に関心を向けながら接していると示唆された。したがって、これらの視点から自閉症者の生活の質を高める接し方を検討する必要があると考察された。

謝辞：調査に際し、ご協力いただきました自閉症支援施設の施設長と生活支援員の皆様に、深く感謝申し上げます。

〈文　献〉

American Psychiatric Association（2013）Diagnostic and Statistical Manual of Mental Disorders, 5th edition.

Boulter, C., Freeston, M., South, M. et al.（2014）Intolerance of uncertainty as a framework for understanding anxiety in children and adolescents with autism spectrum disorders. Journal of Autism and Developmental Disorders, 44, 1391-1402.

早川　透（2010）主体的な授業参加―子どもの側から問い直す．障害児教育実践の研究, 21, 46-53.

Hobson, R.（1993）Autism and Development of Mind. Psychology Press.

飯塚一裕（2017）発達障害のある児童を対象とした集団心理療法プログラムについて．愛知教育大学教育臨床総合センター紀要, 7, 31-37.

石井哲夫（2002）自閉症児の心を育てる―その理解と療育．明石書店 , pp.230-234.

神野秀雄（2007）ある高機能自閉症児の情緒（感情）発達と不安のオリジンについて―母親面接を通して．治療教育学研究 , 27, 21-30.

松山郁夫（2009）青年期・成人期の自閉症者が示す感情に対する生活支援員の認識．佐賀大学文化教育学部研究論文集 , 14(1), 309-316.

松山郁夫（2012）自閉症者の生活状況に対する生活支援員の捉え方．佐賀大学文化教育学部研究論文集 , 17(1), 111-118.

松山郁夫（2015）自閉症児者への療育支援に対する生活支援員の見方．九州地区国立大学教育系・文系研究論文集 , 3(1), No.5, 1-9.

松山郁夫（2018）自閉スペクトラム症者へのストレングス視点による生活支援．佐賀大学教育学部研究論文集 , 2(2), 95-100.

村田豊久（2016）自閉症．日本評論社 .

Prizant, B., Wetherby, A. M., Rubin, E. et al. (2006) The Scerts Model: Volume I Assessment; Volume II Program Planning and Intervention. Brookes Publishing.

Scheuermann, B. & Webber, J. (2002) Autism: Teaching Does Make a Difference. Wadsworth Pub. Co..

城間すみ恵・浦崎　武（2018）自閉症・情緒障害特別支援学級および通常の学級における快の共有体験に墓づいた自立活動の教育実践研究―自閉症スペクトラム児の他者との関係性の変容過程に焦点を当てて．琉球大学教育学部附属発達支援教育実践センター紀要 , 9, 69-86.

Sparrow, S. S., Cicchetti, D. V. & Balla, D. A. (2005) Vineland Adaptive Behavior Scales Second Edition. Pearson Assessment.

田村茉奈・柿沼智美・川渕竜也他（2014）自閉症スペクトラム障害の学齢児の興味・関心を広げる機会―参加プログラムの選択と自己理解．明治学院大学心理学部付属研究所年報 , 7, 63-72.

浦崎　武・武田喜乃恵（2015）自閉症スペクトラム障害児への関係発達的支援による集団支援と教育実践―「トータル支援」を通した「過ごす力」と「向かう力」を育む支援論．琉球大学教育学部発達支援教育実践センター紀要 , 7, 77-90.

事務局報告（令和 2 年度前半）　　　　　　　　　　　　　　　　※敬称略

＊コロナの影響で今年度の会議は変則的になっている。
＊3 月 8 日開催予定の編集委員会・資格認定委員会・評議員会・理事会は、開催せず、資料送付し、書面にて賛否をとる形式で行った。

第 9 回常任理事会の開催
　場所：オンライン会議にて実施
　日時：令和 2 年 8 月 23 日（日）10 時〜11 時半（5 月 17 日開催予定を延期して実施）
　出席者：五十嵐一枝・市川宏伸・井上雅彦・近藤裕彦・髙原朗子・高村哲郎・千田光久・寺山千代子・平谷美智
　　　　　夫・本田秀夫・吉川徹
1）議事
　（1）2019 年度活動報告・会計報告および 2020 年度活動予定・予算案について
　（2）今後の資格講座について
　（3）令和 2 年度役員の変更について
　（4）総会について
　（5）自閉症スペクトラム支援士・AS サポーター資格認定について
　（6）次回大会について
　（7）選挙管理委員の指名について
　（8）その他
2）報告
　（1）20 周年記念誌の進行状況について
　（2）「世界自閉症啓発デー」（令和 2 年 4 月 4 日）、「発達障害啓発週間」（令和 2 年 4 月 2 日〜8 日）について
　（3）その他

『自閉症スペクトラム研究』 編集規程および投稿規程 (2020 年 9 月 30 日改定)

編集規程

1. 本誌は日本自閉症スペクトラム学会の機関誌であり、医療、教育、福祉、司法など分野を問わず、自閉症スペクトラムに関連する領域の支援者にとって有用で質の高い情報を提供するものである。論文種別は、自閉症スペクトラムおよび関連領域の原著論文、総説、実践研究、資料、実践報告、調査報告である。なお、原著論文とは理論、臨床、事例、実験、調査などに関するオリジナリティの高い研究論文をいう。
2. 投稿の資格は本学会会員に限る。ただし、共著者および常任編集委員会による依頼原稿についてはその限りではない。
3. 投稿原稿は未公刊のものに限る。
4. 原稿掲載の採否および掲載順は編集委員会で決定する。編集にあたり、論文の種別の変更、および字句や図表などの修正を行うことがある。
5. 投稿規程に示した枚数を超過したもの、写真、色刷り図版など、印刷に特に費用を要するものは著者の負担とする。
6. 本誌に掲載された論文などの著作権は本学会に属する。
7. 実践内容や事例の記述に際しては、匿名性に十分配慮すること。
8. 研究は倫理基準に則り、対象者にインフォームド・コンセントを得るとともに、その旨を論文中に明示すること。
9. 当事者や家族などの近親者からの投稿について、研究発表の権利を保障するとともに、対象者の人権やプライバシーなどへの対処が必要とされる場合には、常任編集委員会で検討を行い、会長が判断する。

投稿規程

1. 原稿は原則としてワードプロセッサーを用い、A4 用紙 1,200 字に印字し、通しページを記す。本文・文献・図表・要旨をすべて含めた論文の刷り上がりは、8 頁（約 16,000 字）を上限とする。
2. 投稿の際は、元原稿とコピー 3 部に投稿票（投稿 1）。著者全員の投稿承諾書（投稿 2）を添えて提出すること。掲載決定後、テキスト形式で本文と図表（写真含む）を入れた電子媒体（CD-R、他）を提出する。原稿は原則として返却しない。
3. 原稿の句点は（。）、読点は（、）を用いる。
4. 図表は 1 枚ずつ裏に番号と天地を記し、図表の説明文は別の用紙に一括する。図表の挿入箇所は本文の欄外に、図○、表○と朱書きする。
5. 外国の人名、地名などの固有名詞は原則として原語を用いる。
6. 本文の冒頭に、和文要旨（624 字以内）を記載する。調査報告、実践報告以外の投稿区分においては和文要旨に加えて英文要旨と和訳を別の用紙に記載する。本文は、原則として、問題の所在および目的、方法、結果、考察、結論、文献の順に並べ、最後に表、図、図表の説明文を付す。
7. 本文中に引用されたすべての文献を、本文の最後に著者のアルファベット順に並べ、本文中には著者名と年号によって引用を表示する。
   文献欄の表記の形式は、雑誌の場合は、「著者名（発行年）題名. 雑誌名，巻数（号数），開始ページ－終了ページ.」とし、単行本等からの部分的な引用の場合は、「引用部分の著者名（発行年）引用部分の題名. 図書の著者名，または編者名（編）書名. 発行社名，最初のページ－最終ページ.」とする。
   インターネット上の情報の引用はできるだけ避け、同一の資料が紙媒体でも存在する場合は、紙媒体のものを出典とすることを原則とする。ただし、インターネット上の情報を引用する場合には、その出典を明記するとともに、Web 上からの削除が予想されるので、必ずコピーをとって保管し、編集委員会からの請求があった場合、速やかに提出できるようにする。インターネット上の情報の引用は著者名（西暦年）資料題名. サイト名，アップロード日，URL（資料にアクセスした日）とする。
   本文中の引用では、筆者の姓、出版年を明記する。著者が 2 名の場合は、著者名の間に、和文では「・」を、欧文では「&」を入れる。3 名以上の場合は、筆頭著者の姓を書き、その他の著者名は「ら」（欧語の場合 "et al."）と略す。カッコ中に引用を列挙する場合は、引用順を文献欄の順に準ずる。

■文献欄の表記の例
和文雑誌：
　中根　晃（2000）高機能自閉症の治療と学校精神保健からみた診断困難例. 臨床精神医学, 29, 501-506.
欧文雑誌：
　Klin, A., Volkmar, F. R., Sparrow, S. S. et al. (1995) Validity and neuropsychological characterization of asperger syndrome: Convergence with nonverbal learning disabilities syndrome. Journal of Child Psychology and Psychiatry, 36, 1127-1140.
訳書のある欧文図書：
　Ornitz, E. M. (1989) Autism at the interface between sensory and information processing. In Dawson, G. (Ed.) Autism: Nature, Diagnosis, and Treatment. The Guilford Press, pp.174-207.（野村東助・清水康夫監訳（1994）自閉症―その本態，診断および治療. 日本文化科学社, pp.159-188.）

インターネットの資料：
　中央教育審議会（2012）共生社会の形成に向けたインクルーシブ教育システム構築のための特別支援教育の推進（報告）．文部科学省，2012 年 7 月 23 日，http://www.mext.go.jp/b_menu/shingi/chukyo/chukyo3/044/attach/1321669.htm（2020 年 6 月 15 日閲覧）．
The Japanese Association of Special Education (2010) Organization. The Japanese Association of Special Education, January 28, 2010, http://www.jase.jp/eng/organization.html (Retrieved October 9, 2010).

　■本文中の引用の例
　　…と報告されている（Bauman & Kemper, 1985 ; Dawson et al., 2002）。
　　吉田・佐藤（1996）および、中山ら（2002）によれば、…

8. 印刷の体裁は常任編集委員会に一任する。
9. 原稿送付先　〒 112-0005　東京都文京区水道 1-5-16　升本ビル
　　　　　　　金剛出版　「自閉症スペクトラム研究」編集部
　　　　　　　（電話 03-3815-6661　FAX 03-3818-6848　e-mail : ttateishi@kongoshuppan.co.jp）

「自閉症スペクトラム研究」投稿票

論文の種類：下記の中からひとつを選び、〇で囲む

原著論文　　総説　　実践研究　　資料　　実践報告　　調査報告
その他（　　　　　　　　　　　　　　）

論文の題名：＿＿＿＿＿＿＿＿＿＿＿＿＿＿＿＿＿＿＿＿＿＿＿＿＿＿＿＿
＿＿＿＿＿＿＿＿＿＿＿＿＿＿＿＿＿＿＿＿＿＿＿＿＿＿＿＿＿＿＿＿
＿＿＿＿＿＿＿＿＿＿＿＿＿＿＿＿＿＿＿＿＿＿＿＿＿＿＿＿＿＿＿＿

　（英訳）：＿＿＿＿＿＿＿＿＿＿＿＿＿＿＿＿＿＿＿＿＿＿＿＿＿＿＿＿
＿＿＿＿＿＿＿＿＿＿＿＿＿＿＿＿＿＿＿＿＿＿＿＿＿＿＿＿＿＿＿＿
＿＿＿＿＿＿＿＿＿＿＿＿＿＿＿＿＿＿＿＿＿＿＿＿＿＿＿＿＿＿＿＿
＿＿＿＿＿＿＿＿＿＿＿＿＿＿＿＿＿＿＿＿＿＿＿＿＿＿＿＿＿＿＿＿

筆頭著者氏名：＿＿＿＿＿＿＿＿＿＿＿＿＿　　**所属**：＿＿＿＿＿＿＿＿＿＿＿＿
　（英訳）：氏　名＿＿＿＿＿＿＿＿＿＿＿＿
　　　　　所　属＿＿＿＿＿＿＿＿＿＿＿＿＿＿＿＿＿＿＿＿＿＿＿＿＿＿＿

共著者氏名　：＿＿＿＿＿＿＿＿＿＿＿＿＿　　**所属**：＿＿＿＿＿＿＿＿＿＿＿＿
　（英訳）：氏　名＿＿＿＿＿＿＿＿＿＿＿＿
　　　　　所　属＿＿＿＿＿＿＿＿＿＿＿＿＿＿＿＿＿＿＿＿＿＿＿＿＿＿＿

共著者氏名　：＿＿＿＿＿＿＿＿＿＿＿＿＿　　**所属**：＿＿＿＿＿＿＿＿＿＿＿＿
　（英訳）：氏　名＿＿＿＿＿＿＿＿＿＿＿＿
　　　　　所　属＿＿＿＿＿＿＿＿＿＿＿＿＿＿＿＿＿＿＿＿＿＿＿＿＿＿＿

共著者氏名　：＿＿＿＿＿＿＿＿＿＿＿＿＿　　**所属**：＿＿＿＿＿＿＿＿＿＿＿＿
　（英訳）：氏　名＿＿＿＿＿＿＿＿＿＿＿＿
　　　　　所　属＿＿＿＿＿＿＿＿＿＿＿＿＿＿＿＿＿＿＿＿＿＿＿＿＿＿＿

（足りない場合は別紙を使用する）

第1著者の住所：〒＿＿＿＿＿＿＿＿＿＿＿＿＿＿＿＿＿＿＿＿＿＿＿＿＿＿
　　　　　　　いずれかに〇印を付ける（**自宅・勤務先**）
　　　　　　TEL＿＿＿＿＿＿＿＿＿＿　　FAX＿＿＿＿＿＿＿＿＿＿
　　　　　　e-mail＿＿＿＿＿＿＿＿＿＿＿＿＿＿＿＿＿＿＿＿＿

キーワード（3〜5語）：
　（和文）①＿＿＿＿＿＿＿＿＿＿　　②＿＿＿＿＿＿＿＿＿＿　　③＿＿＿＿＿＿＿＿＿＿
　　　　　④＿＿＿＿＿＿＿＿＿＿　　⑤＿＿＿＿＿＿＿＿＿＿
　（英訳）①＿＿＿＿＿＿＿＿＿＿＿＿＿＿　　②＿＿＿＿＿＿＿＿＿＿＿＿＿＿
　　　　　③＿＿＿＿＿＿＿＿＿＿＿＿＿＿　　④＿＿＿＿＿＿＿＿＿＿＿＿＿＿
　　　　　⑤＿＿＿＿＿＿＿＿＿＿＿＿＿＿

投 稿 承 諾 書

　下記の論文を「自閉症スペクトラム研究」に投稿いたします。本論文が掲載された場合、その著作権は日本自閉症スペクトラム学会に帰属することを承認いたします。なお、本論文は他紙に掲載済みのもの、あるいは掲載予定のものではありません。

筆頭著者：氏　名＿＿＿＿＿＿＿＿＿＿＿＿＿＿＿㊞
　　　　　所　属＿＿＿＿＿＿＿＿＿＿＿＿＿＿＿＿＿＿＿＿＿＿＿

論文の題名：＿＿＿＿＿＿＿＿＿＿＿＿＿＿＿＿＿＿＿＿＿＿＿＿＿＿＿＿＿＿＿＿＿
　　　　　　　＿＿＿＿＿＿＿＿＿＿＿＿＿＿＿＿＿＿＿＿＿＿＿＿＿＿＿＿＿＿＿＿＿

共 著 者：氏　名＿＿＿＿＿＿＿＿＿＿＿＿＿＿＿㊞
　　　　　所　属＿＿＿＿＿＿＿＿＿＿＿＿＿＿＿＿＿＿＿＿＿＿＿

共 著 者：氏　名＿＿＿＿＿＿＿＿＿＿＿＿＿＿＿㊞
　　　　　所　属＿＿＿＿＿＿＿＿＿＿＿＿＿＿＿＿＿＿＿＿＿＿＿

共 著 者：氏　名＿＿＿＿＿＿＿＿＿＿＿＿＿＿＿㊞
　　　　　所　属＿＿＿＿＿＿＿＿＿＿＿＿＿＿＿＿＿＿＿＿＿＿＿

共 著 者：氏　名＿＿＿＿＿＿＿＿＿＿＿＿＿＿＿㊞
　　　　　所　属＿＿＿＿＿＿＿＿＿＿＿＿＿＿＿＿＿＿＿＿＿＿＿

共 著 者：氏　名＿＿＿＿＿＿＿＿＿＿＿＿＿＿＿㊞
　　　　　所　属＿＿＿＿＿＿＿＿＿＿＿＿＿＿＿＿＿＿＿＿＿＿＿

共 著 者：氏　名＿＿＿＿＿＿＿＿＿＿＿＿＿＿＿㊞
　　　　　所　属＿＿＿＿＿＿＿＿＿＿＿＿＿＿＿＿＿＿＿＿＿＿＿

共 著 者：氏　名＿＿＿＿＿＿＿＿＿＿＿＿＿＿＿㊞
　　　　　所　属＿＿＿＿＿＿＿＿＿＿＿＿＿＿＿＿＿＿＿＿＿＿＿

＿＿＿＿＿年＿＿＿＿＿月＿＿＿＿＿日　提出

投稿論文の作成の手引き

1. 投稿された原稿は、査読の上で掲載の可否を決定する。また、掲載順は編集委員会が決定する。
   原稿の内容・表現の仕方などについて、専門家による校閲が行われるため、投稿者による検討により多少の変更が生じる場合がある。

2. 原稿は、ワードプロセッサーで作成するものとし、A4版横書きで作成する。本文の1ページ内の書式は24字×45行×2段（明朝体、欧文綴りや数字は半角）とする。ただし、表題入りページは下図のようにする。句読点は「、」「。」を使用する。原稿には通しページをつける。

3. 論文の分量は、原則として刷り上がり8ページ（図表、参考文献も含む）を上限とする。

4. 原稿の最初のページの表題部分は、①題目（ゴシック体15ポイント）、②著者名（ゴシック体9ポイント）、③所属（ゴシック体9ポイント）を日本語で記載する。また、①〜③についての英語表記（欧文書体8ポイント）を記載する。

5. 表題の下の『要旨』は624文字以内で記載し、またその下の『キーワード』は3〜5語で記載する。

6. 見出し（ゴシック体11ポイント）と小見出し（ゴシック体9ポイント）には、段落番号を以下の順番で振る。下位の段落番号は必要に応じて使用する。

   I ．　→　　1．　→　（1）　→　①　→　a）
   　　見出し11ポイント　　　　　以下小見出し9ポイント

7. 挿図がある場合は、図中の文字や数字が直接印刷できるように鮮明に作成する。図や表にはそれぞれに通し番号とタイトルをつけ、本文とは別に番号順に一括する。
   例：表1◇◇◇◇（表の上に記載　8ポイント　ゴシック体　表の幅で中央揃え）
   　　図1◇◇◇◇（図の下に記載　8ポイント　ゴシック体　図の幅で中央揃え）

8. 文献は、本文に用いられたもののみをあげ、著者のアルファベット順に本文の最後に一括記載する。

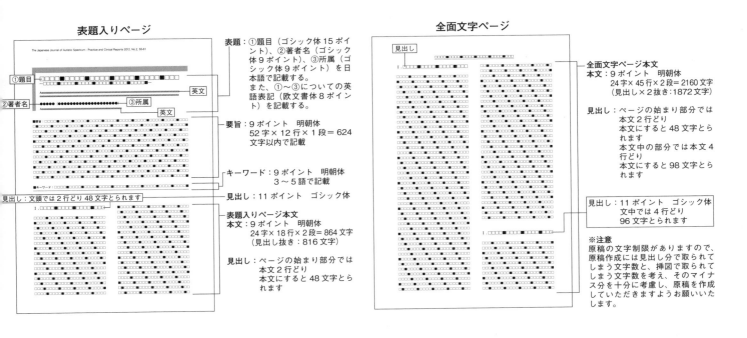

表題入りページ

The Japanese Journal of Autistic Spectrum: Practice and Clinical Reports 2012. No.2. 95-61

①題目
②著者名　　③所属
英文

見出し：文頭では2行どり48文字とられます

表題：①題目（ゴシック体15ポイント）、②著者名（ゴシック体9ポイント）、③所属（ゴシック体9ポイント）を日本語で記載する。
また、①〜③についての英語表記（欧文書体8ポイント）を記載する。

要旨：9ポイント　明朝体
52字×12行×1段＝624文字以内で記載

キーワード：9ポイント　明朝体
3〜5語で記載

見出し：11ポイント　ゴシック体

表題入りページ本文
本文：9ポイント　明朝体
24字×18行×2段＝864文字
（見出し抜き：816文字）

見出し：ページの始まり部分では本文2行どり
本文にすると48文字とられます

全面文字ページ

見出し

全面文字ページ本文
本文：9ポイント　明朝体
24字×45行×2段＝2160文字
（見出し×2抜き：1872文字）

見出し：ページの始まり部分では本文2行どり
本文にすると48文字とられます
本文中の部分では本文4行どり
本文にすると98文字とられます

見出し：11ポイント　ゴシック体
文中では4行どり
96文字とられます

※注意
原稿の文字制限がありますので、原稿作成には見出し分で取られてしまう文字数と、挿図で取られてしまう文字数を考え、そのマイナス分を十分に考慮し、原稿を作成していただきますようお願いいたします。

原著における事例研究、実践研究、実践報告の原稿作成にあたって

「原著における事例研究」、「実践研究」または「実践報告」の原稿作成にあたっての基本的な構成、文献記載の仕方等の諸注意を記述する。必要に応じて参考にすること。なお、これらの研究・報告論文は、実践対象となる人々に対してあるべき指導・支援や環境設定を探求するものであり、また、指導・支援者にとっては実践を進めていくための手がかりになることをねらいとしている。そのため、できるだけ客観性やわかりやすさに留意して執筆すること。ここでは「特異例の症例報告」や「小集団指導報告」（小林，2012）ではない指導を中心におく論文作成について説明する。

1. 投稿者は　1）原著論文、2）実践研究、3）実践報告　のいずれかを明記する（査読者・編集委員会の判断により変更を要請することがある）。
2. 投稿原稿作成にあたっては「投稿規定」「作成手引き」に原則的に従う。
3. 事例をとりあげる際には個人が特定されないようプライバシーの保護に最大限留意し、対象者や保護者、場合によっては所属機関について文書による承諾を得なければならない。対象者の年齢、障害の種類や程度によっては説明の理解、署名が困難な場合があり、その場合は保護者による代諾となるが、著者はできるだけ対象者本人にわかりやすく説明する努力を行う。
   1）原著における事例研究：先行研究のレビューが適切になされ、新たな発見や証明などに関する学術的な独創性が見られること；①対象者が特にユニークな特徴を持ち、それらをどのように分析し、アプローチを考案したか。②アプローチの場の設定や教材・器具などに、またアセスメントや指導・支援の目標・手順・技法などに積極的な新機軸が認められるか。③指導・支援の実践・記録・考察が高レベルであると判断できるか、などについて明確に記述されていると判断されることがポイントとなる。
   2）実践研究：先行研究のレビューが適切になされていること、しかし新たな発見や証明などに関する学術的な独創性については厳しく問わない。先行資料（研究論文・実践研究など）と同様の方法・手順・分析であってもよい。対象事例、指導手続きが具体的に記述され、データはできるだけ客観的な指標を用い、考察は先行研究と対比されてなされていること。
   3）実践報告：先行研究のレビューや独創性は必須ではないが「作成手引き」に従って体裁が整えられ、実務に従事する会員が「教材」「指導法」その他についてヒントを得たりするなどのメリットが期待される。
4. 原著論文における事例研究、実践研究、実践報告にあっては、単一事例または小集団例の研究が中心となるが、学級集団などのグループ指導も含まれる。いずれの場合においても対象者や集団の生き生きとしたイメージの記述が期待され、読者（会員）の参考となり得るものが要請される。

【基本的な構成】
Ⅰ. 問題の所在と目的
問題提起と本稿での報告目的を述べる。その際、できるだけ関連する先行研究を引用しながら、実践の位置づけや根拠を述べることが望ましい。

Ⅱ. 方法
以下の項目を参考にしながら、対象者、指導や支援の方法について具体的に述べる。対象者の記述に関しては個人が特定されないよう留意した表現を用いるとともに、対象者（代諾者）からの許諾とその方法について明記する。
1. 対象者：基本事項（年齢・性別・所属）・主訴・生育史
2. アセスメント
   1）対象者と環境、そしてそれらの相互作用の評価と理解
   2）目標と仮説：指導・支援の方向・手順・場の提案
     （1）指導・支援の実際1：アプローチの方法と技法

(2) 指導・支援の実際２：評価

Ⅲ．結果（経過）

結果または経過について具体的、実証的に記述する。その際、実践の開始前や開始当初の実態が示されていると、参加者の変容や指導・支援の成果を確認しやすい。また、結果の記述にあたっては、逸話を含めながら、参加者の生活や行動の変容をできるだけ客観的に示すことが望ましい。なお、実践担当者以外の関係者から捉えた指導・支援に関する評価（社会的妥当性）などが示されていると、指導・支援の成果を総合的に捉えることができる。

Ⅳ．考察

指導や支援の効果について、論理的に考察する。考察の展開にあたっては、冒頭に、実践において何を目的としたのか、またその目的は達成されたかどうかを端的に示す。次に、指導・支援の経過を踏まえて、生活や行動の変容をもたらした働きかけを指摘するとともに、先行研究と比較しながら、それらの働きかけが効果的であった要因や、それらの効果を促進した要因について具体的に検討を加える。一方、生活や行動の変容が十分にみられなかった実践でも、今後の手がかりとなる重要な知見が含まれている可能性がある。そのときは、計画した働きかけが有効に機能しなかった要因や、変容を阻害した要因について具体的に述べる。最後に、対象者の将来予測と今後の支援指針について、更に技法・体制・制度への提言も期待される。

【文献の記載の仕方】

「投稿規程」に従って記述する。

編集後記

　今年度は学会大会も新型コロナの影響でやむなく中止になってしまいました。そんな中、会員の皆様方に18巻1号をお届けできることは編集委員一同大きな喜びです。最近は投稿本数も増え、掲載される研究論文のレベルも少しずつ上がってきているように思います。伝統的に本誌は、実践に関わる研究の発表窓口を原著、実践研究、実践報告と幅広く用意していますが、一方で投稿区分のわかりにくさも指摘されるようになってきました。編集委員会では数年ぶりにこれらの投稿規定や評価基準を改正しました。インターネットからの過去の論文アクセスも好調のようです。テーマを絞った特集号や年三号化なども検討すべき時期にきているかもしれません。今後とも本誌のさらなる発展のためご協力よろしくお願い致します。

（井上雅彦）

本論文集に掲載された著作物の転載およびデータベースへの取り込み等に関しては、そのつど事前に本学会に許諾を求めてください。また本誌および本学会に関するお問い合わせや入会の申し込み等も、下記までお願いいたします。

日本自閉症スペクトラム学会事務局
〒 273-0866　千葉県船橋市夏見台 3-15-18
電話 047-430-2010　FAX 047-430-2019
E-mail　shikaku@autistic-spectrum.jp

自閉症スペクトラム研究　第 18 巻　第 1 号

2020 年（令和 2 年）9 月 30 日発行

編集者「自閉症スペクトラム研究」編集委員会
代表者　井上　雅彦

発行者　日本自閉症スペクトラム学会
代表者　市川　宏伸

制　作　株式会社　金剛出版